Renate Hudak | Harald Harazim

Schnell, einfach, blüht!

Pflegeleichte Blumenbeete für jeden Garten

Inhalt

Stauden – gekonnt in Szene gesetzt

Ganzjährig schöne Beete, die durch ausdauernde Blütenpracht, attraktives Blattwerk und gelungene Pflanzenkombinationen zu echten Hinguckern werden – mit den richtigen Pflanzen am passenden Ort kein Problem!

Basiswissen Standorte

Im Nachbargarten gedeiht der Sonnenhut prachtvoll; im eigenen Beet kümmert er vor sich hin. Nahezu jeder hat schon einmal Ähnliches erlebt. Nicht alles wächst überall, jede Pflanze braucht den passenden Ort.

Machen Sie doch einmal einen Spaziergang über Wiesen oder durch den Wald und richten Sie Ihr Augenmerk dabei auf die dort wachsenden Pflanzen. Recht schnell wird klar, was die Natur uns vormacht: Die richtige Pflanze am geeigneten Ort wächst meist prächtig und langlebig und das ganz ohne aufwendige Pflege. Wir entdecken bestimmte Pflanzen meist nur an ganz bestimmten Plätzen und nicht überall – mit wenigen Ausnahmen, den sogenannten „Generalisten". Nach dem Vorbild solch natürlicher Pflanzenkombinationen ist eine Einteilung der Pflanzenstandorte nach Lebensbereichen entstanden. In ihrem 1981 veröffentlichten Buch „Die Stauden und ihre Lebensbereiche" beschreiben die beiden Stauden-Experten Richard Hansen und Friedrich Stahl die Ergebnisse ihrer jahrzehntelangen gärtnerischen Erfahrungen und Beobachtungen. Dieses System wird seitdem von Gärtnern und Gartengestaltern zur Orientierung für eine sinnvolle Pflanzenverwendung herangezogen.

Pflanzenauswahl leicht gemacht

Richard Hansen untergliederte nach jahrelangen Beobachtungen den Garten in sieben verschiedene Sektoren, die sogenannten Lebensbereiche: Gehölz (G), Gehölzrand (GR), Freifläche (Fr), Wasserrand (WR), Wasser (W), Steinanlagen (St) und Beet (B). Später kamen noch einige weitere Spezialstandorte dazu. Eine Zuordnung der Stauden zu diesen Lebensbereichen findet sich inzwischen in den Katalogen oder Onlineshops der meisten Staudengärtnereien sowie in vielen Fachbüchern. Dort wird hinter den Kürzeln für die Lebensbereiche auch die Bodenfeuchtigkeit in Form von Zahlen typisiert: 1 bis 3 für trockenen, frischen, feuchten Boden, 4 für nassen Boden (Sumpf), 5 bis 8 für Flachwasser bis Teich. Schließlich werden noch die Lichtverhältnisse am jeweiligen Standort in Form von Abkürzungen angegeben: sonnig (so), absonnig (abs), halbschattig (hs) und schattig (sch). Steht also hinter dem Pflanzennamen „Fr 1/so-abs", heißt das, dass diese Staude am besten auf einer sonnigen bis halbschattigen Freifläche mit trockenem Boden gedeiht. Auch auf Pflanzenetiketten sind die Lebensbereiche häufig gemäß diesem System angegeben. Dem ambitionierten Haus- und Hobbygärtner erleichtert das eine sinnvolle Pflanzenauswahl bzw. die Wahl des richtigen Gartenplatzes für die eingekauften Stauden ungemein. Das gilt sowohl, wenn man einen bestimmten Gartenbereich neu mit üppiger Staudenpracht gestalten möchte, als auch, wenn man für seine „Spontankäufe", die man aus einer Laune heraus im Gartenmarkt erstanden hat, ein geeignetes Plätzchen sucht.

Häufige Lebensbereiche in unseren Gärten

Wird entsprechend den Standortbedingungen der Lebensbereiche eine Pflanzenauswahl für den eigenen Garten getroffen, können Sie neben der Art bzw. Beschaffenheit des Bodens und den Feuchtigkeits- und Lichtverhältnissen auch das regionale Klima, die Exposition des jeweiligen Gartenbereichs (Wind-/Wetterseite, Himmelsrichtung) sowie möglicherweise vorhandene Nachbarpflanzen (auch Bäume und Sträucher), die mehr oder weniger starke Konkurrenz ausüben, in die Planung miteinbeziehen. Zu den Lebensbereichen nach Hansen & Stahl gehören auch Spezialstandorte wie z.B. Wasser oder Steinanlagen, auf welche wir hier nicht näher eingehen werden, da sie nicht zwangsläufig in jedem Garten zu finden sind. Wir halten jedoch die Bereiche Gehölz, Gehölzrand, Freifläche und Beet für die am häufigsten in un-

Was sind eigentlich Stauden? Stauden sind ausdauernde mehrjährige Pflanzen. In Abgrenzung zu einjährigen Pflanzen (z.B. Ringelblumen) überdauern sie mehrere Jahre mithilfe von unterirdischen Organen wie z.B. Knollen, Rhizomen (fleischig verdickter Wurzelstock), Zwiebeln, Wurzelausläufern oder anderen Wurzelspeicherorganen, aus denen sie alljährlich neu austreiben. Im Gegensatz zu Gehölzen (Bäume, Sträucher) sind Stauden (meist) nicht verholzt sondern krautig. Ihre oberirdischen Teile sterben bei winterlichen Minusgraden fast immer ab. Die meisten Stauden blühen und fruchten jedes Jahr.

Schattige Plätze wie dieser hier werden, mit den passenden Stauden bepflanzt, zum Garten-Kleinod.

seren Hausgärten vorkommenden und stellen Ihnen diese auf den nächsten Seiten vor.

Für jede Pflanze der passende Platz

Die Lebensbereiche der Stauden orientieren sich zum Großteil an natürlichen Pflanzenstandorten. Wie in der Natur auch, sind diese Bereiche jedoch nicht klar voneinander abgegrenzt – es gibt Überschneidungen und Mischformen. Wundern Sie sich daher also nicht, wenn Ihnen die eine oder andere Pflanze in unseren Vorschlägen für zwei oder mehr verschiedene Standorte begegnet. Mit der Zeit werden Sie auch selbst ein Gefühl dafür bekommen, wo eine Pflanze am besten hinpasst, denn deren äußere Erscheinung gibt darauf oft deutliche Hinweise. So verraten uns z.B. graugrüne, behaarte oder mit einer schützenden Wachsschicht überzogene Blätter, dass wir es mit einem Kandidaten für sonnenexponierte, warme Plätze zu tun haben. Das gilt ebenfalls für Pflanzen, deren Blätter und Triebe einen hohen Anteil an aromatischen Ölen besitzen. Dahingegen weist dunkelgrünes, ledriges oder gar hartes Laub auf eine Präferenz für schattige, wenig besonnte Plätze hin.

Stauden unter Baum und Strauch

Bei Stauden, deren ideale Standorte mit „Gehölz" und „Gehölzrand" bezeichnet werden, handelt es sich häufig um Wildstauden, die an Waldrändern, unter Bäumen und Sträuchern bzw. auch unter ausgesprochen schattigen Bedingungen auf humus- und nährstoffreichem, gleichmäßig feuchtem Boden im Wald wachsen. Das können sowohl heimische Wildstauden wie z.B. Haselwurz, Waldmeister, Maiglöckchen, Lungenkraut, Salomonssiegel und Tüpfelfarn sein, als auch Waldstauden aus Nordamerika oder Asien, etwa Funkien, Astilben und Japanische Anemonen. In diesem Fall sind Pflanzen echte Kosmopoliten: Sind die Lebensbedingungen günstig, können Stauden aus unterschiedlichen Herkunftsregionen problemlos miteinander und nebeneinander kultiviert werden – das gilt im Übrigen auch für andere Lebensbereiche! Werden im Hausgarten solche Beete neu angelegt, sollten wenigstens einige Bäume oder Sträucher bereits vorhanden sein, um einerseits den notwendigen Schatten und andererseits auch den entsprechenden Laub-Humus-Boden zu gewährleisten. Dabei ist die Bodenbeschaffenheit der begrenzende Faktor; viele Gehölzrandstauden vertragen zumindest auch einiges an Sonne, brauchen dann aber unbedingt einen humosen, ausreichend feuchten Boden.

Freiflächen

Sogenannte „Freiflächen" begegnen uns häufig in der Natur: Offene, meist mehr oder weniger sonnige, warme Plätze ohne Schatten werfende Gehölze. Es herrschen günstige Lichtverhältnisse bei sowohl eher trockenen als auch feuchten Bedingungen – je nach Art des Bodens. Die Palette der geeigneten Arten reicht von Wild- und Wiesenstauden wie z.B. Königskerze oder Blutweiderich bis zu ausgewählten Sorten des Beetstauden-Sortiments, die hier ebenfalls eine gute Figur machen, beispielsweise die Schafgarbe (*Achillea filipendulina*) und die Prachtscharte (*Liatris spicata*). Viele nordamerikanische Steppenstauden bevorzugen solche Plätze und insbesondere höher werdende, strukturbildende Gräser kommen hier besonders gut zur Geltung.

Ab ins Beet!

Für den Lebensbereich „Beet" gibt es selbstverständlich kein Vorbild in der Natur. Ein Beet ist immer ein vom Menschen angelegter Bereich. Dort herrschen günstige Standortfaktoren für Staudenarten und -sorten, bei deren Züchtung z.B. Wert auf besondere Üppigkeit, Blütengröße und -pracht und eine möglichst lange Blütezeit gelegt wurde. Da diese Pflanzen meist auch nährstoffbedürftiger und etwas pflegeintensiver sind als viele Wildstauden, wurden sie als sogenannte

Das Beet im Lauf der Jahre Standortgerechte Staudenverwendung ist eine Sache – die Entwicklung eines Beetes oder Gartens im Laufe der Jahre ist noch einmal etwas ganz anderes! Selbst professionell angelegte Pflanzungen verändern sich mit der Zeit: Schatten werfende Gehölze werden größer, konkurrenzstarke Arten setzen sich durch, schwächere werden zurückgedrängt oder bleiben ganz aus. Hier entscheiden Sie, ob Sie alle paar Jahre korrigierend eingreifen wollen, um immer wieder den „Ausgangszustand" zu rekonstruieren, oder ob sich der Charakter von Beet und Pflanzung verändern darf.

„Beet- und Prachtstauden" diesem Lebensbereich zugeordnet. Am Standort „Beet" fühlen sich auch viele Pflanzen wohl, die uns in typischen Bauerngärten, Landhausgärten oder opulenten Stauden-Rosen-Rabatten begegnen, wie z.B. Brennende Liebe, Rittersporn und Garten-Margeriten.

Bestandsaufnahme: Was hat der eigene Garten zu bieten?

Hat man das System der Pflanzenverwendung gemäß der verschiedenen Lebensbereiche erst einmal erkannt, fällt es nicht schwer, in einem zweiten Schritt den eigenen Garten unter diesen Gesichtspunkten unter die Lupe zu nehmen. Um sich über die unterschiedlichen Standortfaktoren im eigenen Garten einen Überblick zu verschaffen, machen Sie am besten zuerst eine Bestandsaufnahme. Sorgen viele Bäume und Sträucher für Schatten oder herrschen offene, sonnige Plätze vor? Beobachten Sie Sonnen- und Schattenverhältnisse zu verschiedenen Tageszeiten. Vergegenwärtigen Sie sich Ihren Garten im Laufe des Jahres und stellen sich z.B. folgende Fragen: Wo bleibt nach dem Winter der Schnee am längsten liegen? Wo ist es im zeitigen Frühjahr schon warm und lauschig; wo auch in der Sommerhitze angenehm kühl? An welchem Gartenplatz kann ich im Spätherbst am längsten die letzten milden Sonnenstrahlen genießen? Beziehen Sie in Ihre Bestandsaufnahme ebenfalls mit ein, ob sich die Beete auf der Wind- und Wetterseite oder an der schattigen Nordseite des Hauses befinden. Nicht zu vergessen: Wie ist der Boden?

Auf kargen, nährstoffarmen und steinigem Boden wächst nicht alles – manches dafür umso besser!

Wie ist der Boden beschaffen?

Der Boden stellt im wahrsten Sinne des Wortes die „Grundlage“ dar, auf der Ihre Pflanzen gedeihen. Er kann z.B. kiesreich und trocken, lehmig und feucht oder eher humos und nährstoffreich sein. Aber wie sollte ein „guter“ Gartenboden beschaffen sein? Ist er beispielsweise mehr oder weniger lehmig, dabei humusreich (humos), d.h. reich an organischem Material, und besitzt er eine gute Wasser- und Nährstoffspeicherkapazität, dann finden viele Gewächse ideale Bedingungen, doch auch für magere oder schwere Böden gibt es geeignete Pflanzen. Natürlich kann ein vorhandener Gartenboden mit mehr oder weniger Aufwand auch an die gewünschte Pflanzenauswahl angepasst werden. So könnte etwa ein Sandboden so lange mit Kompost, Humus und lehmiger Erde angereichert werden, bis dort ein Prachtstaudenbeet gedeiht. Wir raten Ihnen allerdings zu einer anderen Variante: Die Pflanzen entsprechend des vorgefundenen Bodens auszuwählen – dies schließt ein wenig Nachhelfen mit Bodenverbesserungsmaterial natürlich nicht völlig aus. Dann haben Sie auch langfristig auf jeden Fall gute Chancen auf gesunde und üppige Pflanzen, die Gartenarbeit hält sich in Grenzen – es entsteht mehr Freiraum für Gartengenuss!

Nass oder trocken?

Neben der Bodenart ist vor allem der Feuchtegrad entscheidend dafür, welche Pflanzen sich hier wohlfühlen. Ausgesprochen trockene Bodenverhältnisse finden sich häufig in sonniger Hanglage bei gleichzeitig gutem Wasserabzug, an geschützten Plätzen, wie z.B. vor Gebäuden oder unter Dachvorsprüngen, aber auch unter großen Gehölzen, deren Wurzeln das ganze Wasser für sich beanspruchen. Auf ausgesprochen nassen Böden – meist sind diese stark lehmhaltig oder verdichtet, manchmal auch beschattet – bleibt nach Regenfällen das Wasser für längere Zeit an der Oberfläche stehen. Unter solchen staunassen Bedingungen wachsen nur spezialisierte Arten; doch aus Primeln, Blutweiderich und Trollblume entstehen auch dort zauberhafte Blütenteppiche. Zwischen Nass und Trocken gibt es zwei weitere Kategorien: Feuchte Böden findet man oft im Halbschatten, aber auch an sonnigen Plätzen, wenn ein hoher Humus- und Lehmanteil eine gute Wasserspeicherfähigkeit ermöglicht. Sie trocknen nahezu das ganze Jahr über nie völlig aus und eignen sich für eine Vielzahl von Pflanzen. Sogenannte „frische“ Böden hingegen sind die meiste Zeit des Jahres leicht feucht, können aber zwischendurch auch mal ganz trocken oder sehr nass sein. Hier gedeihen z.B. Wiesenknöterich, Sibirische Wiesen-Iris und bestimmte Storchschnabel-Arten.

Der Boden-Test Die Art des Bodens lässt sich mit einem einfachen Test feststellen: Nehmen Sie eine Handvoll Erde und drücken Sie sie zusammen. Lässt sich leicht ein Klumpen formen, ist der Lehmanteil durchschnittlich; lässt sich, ohne zu zerbröckeln, eine Rolle formen, ist der Boden besonders lehm- und tonhaltig und eher schwer. Fällt die Erde sofort auseinander, handelt es sich um einen sehr sandigen und leichten Boden mit einem nur geringen Lehmanteil.

Basiswissen Staudengestaltung

Selbst versierten Staudengärtnern leistet ein Spickzettel bei einer neuen Beetanlage wertvolle Dienste. Planen Sie vorab in eine Skizze Ihres Beetes (Maßstab 1:50) ein, wo welche Pflanzen – in ihrer Endgröße – positioniert werden sollen.

Nun stellt sich die Frage: Nach welchen Kriterien werden die ausgesuchten Stauden am besten auf der zur Verfügung stehenden Fläche verteilt? Sollen doch, wie bei einer Theateraufführung, alle Mitspieler gemäß ihrer jeweiligen Rolle einen optimalen Platz auf der Bühne erhalten. Natürlich stehen dabei die Hauptdarsteller im Rampenlicht, doch auch Nebendarsteller und Komparsen wollen stimmig in Szene gesetzt werden. Stellen Sie sich Ihr Beet als eine Bühne vor und berücksichtigen Sie, von welchen Seiten es üblicherweise betrachtet wird. Von vorne, eventuell mit einer Wand, Mauer oder einem Zaun dahinter? Oder kann man ringsherum gehen und die Beetfläche von allen oder mehreren Seiten auf sich wirken lassen?

Die „Hauptdarsteller" zuerst

Als Erstes werden unsere Hauptdarsteller, die sogenannten „Leitstauden", auf der Fläche verteilt. Leitstauden sind Arten, die besonders groß oder üppig werden, eine spezielle Wuchsform aufweisen oder auch ausgesprochen langlebig sind. Sie bilden das Grundgerüst der Pflanzung, halten sie zusammen und prägen den Beetcharakter. Auch geeignete Gehölze, die sich gut mit Stauden kombinieren lassen wie z.B. Bartblume, Blauraute, Zaubernuss und Säckelblume können diese Funktion erfüllen. Verteilen Sie die Leitpflanzen jeweils einzeln in unregelmäßigen Abständen im Hintergrund oder in der Mittelposition auf der Fläche. Dann folgen als Nebendarsteller Frühlings- und Vorsommerblüher, die die Gartensaison im ausgehenden Winter und Frühjahr eröffnen sowie Spätsommer- und Herbststauden für einen späten Auftritt im Jahr. Sie werden am besten gruppenweise in ungerader Stückzahl platziert (je kleiner die Pflanzen, desto größer die Gruppe) und dabei niedrige Arten oder Zwergstauden eher im Beetvordergrund, mittelhohe Stauden im Hintergrund bzw. zur Beetmitte hin. Ein gutes Beispiel für die letztgenannte Gruppe ist das Tränende Herz (*Dicentra spectabilis*): Nach der Blüte zieht der attraktive Spätfrühlingsblüher ein, d.h. das Laub welkt und verschwindet schließlich ganz. Stünde eine solche Pflanze im Beetvordergrund, würde eine unschöne Lücke entstehen.

Die Kleinen nach vorn!

Dieser Höhenstaffelung liegt ein Gestaltungsprinzip zugrunde, den jeder Konzert- oder Kinobesucher kennt: Wer klein, d.h. auf Pflanzen bezogen niedrig wachsend ist, muss in der ersten Reihe stehen, wenn er gesehen werden soll. Ordnen Sie Pflanzen im Beet dementsprechend an, entsteht ein tribünenartiger Aufbau, in dem jede Pflanze und ihre Besonderheiten zur Geltung kommen. Befolgen Sie die Anordnung von klein zu hoch jedoch auch nicht allzu streng, sondern lassen Sie die Pflanzengruppen ineinander übergehen und dulden Sie vereinzelte „Ausrutscher" – sie lockern das Ganze auf. Ihrem Beet verleihen Sie Lebendigkeit, wenn Sie es mit einigen hohen Pflanzen im Randbereich oder ein paar wenigen, niedrigeren und nur kurz blühenden Stauden im Hintergrund auflockern. Wird ein Beet ganz neu angelegt, können auch durch eine gewisse Bodenmodellierung interessante Höhenunterschiede geschaffen werden. Das setzt nicht zwangsläufig umfangreiche Erdarbeiten voraus; oft genügt schon ein kleiner Wall entlang einer Beetseite oder ein aufgeschütteter Kies- und Steinhaufen in einem Trockenbeet, um für das Auge des Betrachters zusätzliche Spannung und Abwechslung zu erzeugen.

Ein Beet darf wachsen Ein Beet muss nicht unbedingt komplett auf einmal geplant und angelegt werden. Sie können auch damit beginnen, zu einer besonders attraktiven Staude ein oder zwei harmonische Begleiter zu setzen und diesem Ensemble erst einmal etwas Zeit zur weiteren Entwicklung zu geben. Nach einem oder zwei Jahren sehen Sie dann, ob es noch Lücken gibt, die Sie mit weiteren Pflanzen bzw. Arten schließen wollen. Als kurzfristige „Lückenfüller" bieten sich derweil auch einjährige Sommerblüher oder kurzlebige Stauden wie z.B. Vexiernelken an.

Das Bühnenbild wird komplettiert

Sind Haupt- und Nebendarsteller einzeln bzw. in Gruppen gemäß einer gewissen Ordnung auf dem Beet verteilt, kommen die „Statisten" zum Einsatz: In verbliebene Lücken werden sogenannte „Füll- und Webpflanzen" gesetzt. Statisten können beispielsweise Farne oder Gräser sein, je nach Größe vorne oder hinten im Beet. Gute Lückenfüller geben auch graulaubige Stauden wie z.B. Lavendel, Katzenminze oder Woll-Ziest aufgrund ihrer besonderen Laubfärbung ab. Ebenso eignen sich Arten wie Storchschnabel, Frauenmantel oder Purpurglöckchen. Durch ihre charakteristische Wuchsform und Struktur füllen diese Pflanzen nicht nur einfach leere Stellen im Beet aus, sondern schaffen geschmeidige Übergänge zu ihren Nachbarn. Sie verbinden Nebeneinandergepflanztes zu einem harmonischen Pflanzengefüge. Auch sie werden in Gruppen gesetzt oder in Form geschwungener Streifen, sogenannten „Drifts" oder Wellen. Am Schluss werden schließlich, sozusagen als „i-Tüpfelchen", Zwiebelpflanzen zwischen den anderen Stauden im Beet verteilt. Das können z.B. Schneeglöckchen, Krokus, Tulpen & Co. sein – sie werden ebenfalls gruppenweise oder in Pulks gepflanzt.

Zwiebelblumen, wie hier die Triumph-Tulpe 'Fontainebleau', fungieren als zauberhafte Lückenfüller.

Wie viele Pflanzen auf welcher Fläche?

Bei der Vielzahl attraktiver Stauden dürfen Sie jedoch eines nicht vergessen: Auch wenn es schwerfällt, eine Auswahl zu treffen – zu viele Arten auf einem Beet wirken unruhig. Als Faustregel gilt: Etwa 3–4 Arten in kleinen, 6–7 in größeren Beeten. Wem das zu wenig erscheint, der kann auch durch die Verwendung verschiedener Sorten für mehr Abwechslung sorgen: Sorten von z.B. Storchschnabel, Hohem Sommer-Phlox und Bart-Iris mit unterschiedlichen Blütenfarben und voneinander abweichenden Blütezeiten machen Beete bunt und vielfältig, ohne sie unruhig oder überfrachtet wirken zu lassen.

Nachdem wir die Anzahl der verschiedenen Arten eingegrenzt haben, stellt sich die Frage nach der Stückzahl der Pflanzen. Denn wird zu locker bepflanzt, dauert es lange, bis eine geschlossene Pflanzung entsteht und bis dahin können sich in den Lücken unerwünschte Beikräuter breitmachen oder der Boden trocknet im Sommer unnötig stark aus. Werden die Stauden zu dicht gesetzt, bedrängen sie sich gegenseitig in ihrem Bestreben nach Luft und Licht, trock-

Ein aufregender Kontrast hinsichtlich Form und Farbe: die Blütenstände von Lupine und Kugellauch

nen nach Regenfällen nur langsam wieder ab und Schadorganismen wie z.B. Mehltaupilze, aber auch Schnecken haben leichtes Spiel. Daher halten Sie sich hinsichtlich der Stückzahlen am besten an folgende Richtlinien: Von hohen Arten werden 2–3 Stück, von mittelhohen 4–6 Stück, von niedrigen 7–9 Stück und von Zwergstauden 5–10 Stück pro m^2 verwendet. Wie hoch die verschiedenen Stauden werden, sobald sie angewachsen sind und sich am Standort etabliert haben, können Sie den Stecketiketten in den Töpfen der Pflanzen entnehmen. Nehmen Sie diese Angaben ernst! Denn haben wir etwa im zeitigen Frühjahr ein Exemplar eines Wald-Geißbarts in der Gärtnerei erstanden, fällt es selbst uns schwer, sich bei dem bisschen Grün, das aus dem kleinen Topf herausspitzt, vorzustellen, dass daraus in einigen Jahren ein 1,5 m hohes Prachtexemplar wird ... Ist die neue Staude ein Geschenk aus Nachbars Garten, ohne Pflanzenetikett, dann planen Sie etwa ein Drittel der Endgröße als Pflanzabstand ein. Fortgeschrittene Staudenliebhaber beziehen zusätzlich auch das Wuchsverhalten der verschiedenen Arten mit ein. Handelt es sich um ausläufertreibende Stauden wie z.B. viele Storchschnabel-Arten? Dann dürfen ruhig mindestens 30 cm Platz bis zur Nachbarpflanze eingeplant werden. Wächst die Pflanze eher horstbildend wie z.B. Nelkenwurz und viele Gräser, dann reichen höchstens 20 cm Abstand aus.

Wenn's nicht immer nach Plan läuft ...

Das System von Leitpflanzen & Co. schafft gute Voraussetzungen für eine schöne Beetgestaltung. Doch kein System ohne Ausnahmen: In einem herbstlichen Gräserbeet geben z.B. (hohe) Gräser den Ton an und übernehmen die Hauptdarsteller-Funktion. Und auch wenn eine vorher gut durchdachte Pflanzenzusammenstellung nicht auf Anhieb klappt – lassen Sie sich nicht entmutigen! Kleinere oder größere Korrekturen gehören zum Gärtnerleben und sorgen manchmal für unerwartete und überraschende Ergebnisse.

Dauerhaft schöne Beete

Das ist der Traum eines jeden Gartenfreundes: Ein Beet, das möglichst vom Spätwinter bis zum Ende der Gartensaison einen harmonischen Gesamteindruck bietet; Blüten in prächtigen Farben, dekoratives Laub und schmuckes Blattwerk. Um diesen Wunschtraum Wirklichkeit werden zu lassen, stehen uns einige Gestaltungsgrundsätze zur Verfügung, die aufzeigen, wie Farben, Formen und Strukturen gezielt eingesetzt werden. Überlegen Sie sich vorab ein Farbkonzept für Ihr Beet. Bevorzugen Sie starke Kontraste? Das können Komplementärkontraste wie Rot-Grün oder Blau-Orange sein. Denken Sie bei Farben auch nicht ausschließlich an Blüten – auch unterschiedliches Blattwerk hat eine ganze Menge an Farbigkeit zu bieten. So sind etwa für ein leuchtendes Beet in Rot-Grün einige rot blühende Stauden in Kombination mit saftig grünem Blattwerk ausreichend – eine Pflanzenzusammenstellung, die sich vorrangig an halbschattigen, nicht zu trockenen Plätzen verwirklichen lässt. Oder sind Ihnen sanfte Kontraste lieber? Diese lassen sich z.B. mit Ton-in-Ton-Kompositionen herstellen, die, je nach verwendeten Pflanzenarten, eher romantisch und verträumt oder edel wirken können.

Das „nächtliche Beet" Wahrscheinlich stellen Sie sich Ihr geplantes Staudenbeet bei Tageslicht und Sonnenschein vor – eine nicht alltägliche Idee ist aber auch die Anlage eines „Nachtbeetes". Hierfür kommen Pflanzen infrage, die nicht in erster Linie durch Formen und Strukturen wirken, jedoch in ganz bestimmten Farben blühen. Blütenfarben, die besonders in der Dämmerung leuchten, sind blasse Violett-, lichte Gelb- oder intensive Blautöne wie z.B. beim Weidenröschen 'Stahl Rose' oder bei der Hohen Bart-Iris 'Lovely Again '. Arten wie der Hohe Sommer-Phlox steuern auch noch einen betörenden Duft bei!

Blütenkerzen und Blumenbälle

Die Blüten der Stauden wirken neben ihren Farben auch durch unterschiedliche Formen: Werden Kerzen, Schalen, Kugeln oder Bälle miteinander kombiniert und diese Zusammenstellung auf größeren Beeten mehrmals wiederholt, entsteht eine abwechslungs- und spannungsreiche Komposition. Wurden die Pflanzen außerdem gemäß der eingangs vorgestellten Höhenstaffelung auf dem Beet verteilt, tragen die verschiedenen Wuchshöhen ebenfalls zu einem attraktiven Gesamteindruck bei. Doch nicht nur die verschiedenen Blüten(-stände), sondern auch Laub und Blattwerk haben eine nicht zu vernachlässigende Vielfalt zu bieten: große, kleine, runde, längliche, glatte, stachelige oder wollige Blätter in Hellgrün, Dunkelgrün, Blaugrün, Gelbgrün, Rotbraun, Grau, Weißbunt ... Schließlich weisen auch die Pflanzen selbst voneinander abweichende Formen und Strukturen auf: gedrungen, flach, aufrecht, wuchtig oder filigran verzweigt, ... Ganz besonders möchten wir Ihnen an dieser Stelle auch Gräser und Farne ans Herz legen. Seien es die schwingenden oder stramm aufrechtstehenden Gräserhorste mit im Herbstlicht flirrenden Blütenständen, der zarte Austrieb der Farnwedel im Frühjahr oder deren immergrüne Strukturen im Schattenbeet – alles gleichermaßen fantastische Gestaltungsaspekte!

Die Jahreszeiten einbeziehen

Ein einziges Beet während des ganzen Jahres mit attraktiven Blüten zu bestücken gelingt nicht immer. Eine reizvolle Alternative kann es sein, einem Beet – vor allem, wenn Ihnen nur wenig Fläche zur Verfügung steht – je nach Lage im Garten, einen bestimmten Jahreszeitenaspekt zuzuordnen, der in diesem Bereich den Ton angibt. Auf dem Frühlingsbeet dominieren dann Frühlingsblüher und Zwiebelpflanzen, auf dem Sommerbeet Pracht- und Sonnenstauden in bunten Farben, auf dem Herbstbeet Gräser und gelbe oder violette Herbstblüher. Nicht zu vergessen: Auch ein Winterbeet kann ausgesprochen reizvoll sein, insbesondere in Terrassennähe, von wo aus man auch in der „gartenlosen" Jahreszeit immer mal einen Blick nach draußen wirft. Dort dominieren beispielsweise immergrüne Gräser und Stauden wie Christrosen und Geaderter Aronstab, eventuell in Kombination mit einem winterblühenden Gehölz wie z.B. Winterschneeball oder Zaubernuss. In einer großflächigen Staudenpflanzung können die jahreszeitlichen Themen ebenfalls in verschiedenen Bereichen angeordnet oder aber über das ganze Beet verteilt werden.

Dank ihres rotbraunen Laubes ist die Süße Wolfsmilch 'Chamaeleon' ein attraktiver Partner.

Module – was passt zusammen?

Die Grundprinzipien von Staudenverwendung und Gestaltung wurden auf den vorherigen Seiten anschaulich dargestellt. Das nun folgende System der Module erleichtert es Ihnen, passende Pflanzenkombinationen für ausgewählte Standorte zu finden.

Staudenbeete ganz einfach

Ein schönes Staudenbeet anzulegen, das zum echten Blickfang Ihres Gartens wird, muss gar nicht so schwer sein. Wir nutzen für eine gelungene Beetgestaltung eine Art Baukastenprinzip – das System der Module.

Und so funktioniert's: Für die vier ausgewählten Standorttypen bzw. Lebensbereiche **Freifläche**, **Beet**, **Gehölz** und **Gehölzrand** stellen wir Ihnen im Folgenden jeweils zwei bzw. drei Module vor. Jedes Modul besteht aus einer Pflanzenauswahl und einem Pflanzplan. Die Pflanzenauswahl beinhaltet 5–6 Stauden für ein Grundgerüst sowie 5–6 weitere Stauden als Alternativen oder Ergänzung. Unsere Pflanzenvorschläge zielen nach Möglichkeit darauf ab, zu jeder Zeit eine blühende (oder anderweitig attraktive) Pflanze auf dem Beet zu haben. Dennoch ist das „immerblühende Beet" natürlich auch eine Frage des Platzes. Auf einem großen Beet können Sie sowohl die Stauden des Grundgerüsts als auch die Alternativpflanzen verwenden und haben eine gute Chance auf eine lange Blütensaison. Wenn Sie allerdings nur wenig Platz haben, entscheiden Sie sich lieber für einen Blütenhöhepunkt, anstatt die Blüte über die Saison zu verteilen.

Module kombinieren

Räumliche Grundlage für jedes Modul ist eine Fläche von 2 × 2 m, also 4 m². Haben Sie mehr Platz, z.B. 8 m², dann stehen Ihnen verschiedene Möglichkeiten zur Verfügung: Entweder Sie wählen eines unserer vorgeschlagenen Module aus und wiederholen dieses, d.h. Sie verdoppeln die angegebene Menge der Pflanzen und bringen das Muster, wie es unser Pflanzplan vorschlägt, zweimal nebeneinander zum Einsatz. Oder Sie pflanzen auf der einen Beethälfte gemäß dem Pflanzplan, auf der anderen verwenden Sie eine ähnliche Anordnung, jedoch abgewandelt, indem Sie von uns vorgeschlagene Alternativpflanzen miteinbeziehen. Eine weitere Möglichkeit besteht darin, z.B. Modul 1 und Modul 2 auf den beiden Beethälften nebeneinander zu verwenden. Auf deutlich weniger Grundfläche lässt sich ein komplettes Beet kaum verwirklichen. In diesem Fall wählen Sie aus den „Hauptdarstellern" bzw. Leitpflanzen eine aus, die Ihnen besonders gut gefällt, stellen ihr 3–5 Exemplare eines passenden Begleiters zur Seite, und schon ist auch ein ganz kleiner Gartenbereich zum attraktiven Schmuckstück geworden!

Nicht alles wächst überall

Zur Pflanzenauswahl, wie wir Sie Ihnen auf den folgenden Seiten vorschlagen: Wir haben möglichst unkomplizierte und pflegeleichte Stauden ausgewählt, mit denen auch Garteneinsteiger oder Gartenliebhaber, die nur sehr wenig Zeit für die Gartenarbeit übrighaben, gut klarkommen. Natürlich gibt es darüber hinaus noch eine Menge weiterer Stauden, die Ihnen an den passenden Plätzen viel Freude machen können. Fragen Sie beim Gärtner vor Ort nach geeigneten Arten oder lassen Sie sich davon inspirieren, was in den umliegenden Gärten mit ähnlichen Standortbedingungen gut gedeiht. Darüber hinaus gilt auch bei heimischen oder sogenannten „Allerweltsstauden": Was im Weinbauklima problemlos wächst, übersteht nicht unbedingt einen harten Winter am Alpenrand. Andererseits gibt es viele Sorten, die eigens für spezifische klimatischen Gegebenheiten gezüchtet wurden und sich für diese besser eignen als die Ursprungsart. Noch eine Anmerkung zu Arten, die zu den „Schneckenlieblingen" gehören: Am nervenschonendsten ist es sicherlich, solche erst gar nicht zu pflanzen und auf Alternativen auszuweichen. In unserem eigenen Garten verzichten wir aus diesem Grund inzwischen z.B. auf Rittersporn und wählen lieber robuste Alternativen.

Saisonale Blüher und „Dauerbrenner"

Die meisten Stauden haben ihren Blütenhöhepunkt innerhalb einer bestimmten Jahreszeit. Einige remontieren, d.h. einem Rückschnitt nach der Hauptblüte etwa im Frühsommer folgt eine weitere, meist nicht ganz so ausgeprägte Blühphase im Herbst, wie beim Steppen-Salbei 'Mainacht'. Einige wenige Arten oder Sorten sind jedoch sogenannte „Dauerbrenner", die unermüdlich nahezu die ganze Gartensaison hindurch blühen. Dazu gehören z.B. Duftnessel (*Agastache*), Prachtstorchschnabel 'Rozanne', Gelber Lerchensporn und Argentinisches Eisenkraut.

Freifläche: Platz und Licht im Überfluss

Ein Charakteristikum des Lebensbereichs „Freifläche“ ist, dass es sich dabei um einen Standort ohne Konkurrenz durch Baum- und Strauchbewuchs handelt, der daher meistens sonnig und warm ist, zumindest zur Mittags- und Nachmittagszeit.

In der Natur finden sich solche Bereiche z.B. auf heimischen nährstoffarmen Heideflächen, offenen Kiesflächen, Wildblumenwiesen oder auch in der nordamerikanischen Prärie. Je nach Feuchtegrad des Bodens können die Standorte sehr trocken und durchlässig sein, wie z.B. offene, freie Flächen in geneigter Lage mit entsprechender Sonnendisposition, aber auch feucht oder frisch. Viele pflegeleichte Wildstauden wachsen hier gut und es gibt auch immer wieder Überschneidungen mit anderen Lebensbereichen, dies trifft beispielsweise auf sogenannte Beetstauden mit Wildstauden-Charakter zu. Sie gedeihen sowohl im Beet als auch auf einer Freifläche. Wichtig ist, dass die für eine Pflanzenkombination ausgewählten Arten bzw. Sorten auf jeden Fall eine ähnliche Wüchsigkeit aufweisen. So vermeiden Sie, dass einzelne Pflanzen verdrängt bzw. von den Nachbarn überwuchert werden.

Typische Kandidaten für Freiflächen

Für Freiflächen eignen sich lichthungrige Stauden, oft mittelhoch oder höher, die in der Regel einen durchschnittlichen bis guten, teilweise auch leicht mageren Gartenboden bevorzugen. Manche von ihnen blühen eher dezent und wildblumenartig, wie z.B. die Akelei; andere oder aber auch speziell gezüchtete Sorten und Auslesen prachtvoll und auffällig, wie etwa die Schafgarbe 'Coronation Gold'. Je nachdem, welchen Charakter Sie dem Beet verleihen wollen, treffen Sie Ihre Pflanzenauswahl und suchen dementsprechend eher Wildstauden aus oder Sie bevorzugen Wildstauden mit Beetstauden-Charakter.

Beispiel für Freiflächen im Hausgarten • Sonnige, trockene Beetstreifen entlang von Gebäuden oder unter einem überstehenden Dach. • Terrassenböschungen mit Süd-/Südost-Ausrichtung. • Nährstoffarme Plätze mit Kies, Schotter, Sand, Bauschutt im Untergrund. • Sonnige Beete mit humosem, feuchtem Gartenboden.

Freifläche

Modul 1: Wiesenüppig

Eine sonnige, offene Beetfläche mit ausreichend feuchtem bzw. wasserspeicherndem Boden, der im Sommer nie ganz austrocknet, ist der ideale Standort für dieses Modul. Tonangebend sind die Taglilien und der Blutweiderich, eine leuchtende und kontrastreiche Kombination.

Beide blühen den ganzen Sommer über, der Blutweiderich sogar noch bis in den Herbst hinein. Dazu kombinieren wir folgende Begleiter: Sibirische Wiesen-Iris, die den Blütenaspekt dieser Pflanzung im Mai mit einer Fülle dunkelvioletter Blüten eröffnet. Sowohl Taglilien- als auch Irislaub sind grasähnlich, das den wiesenartigen Charakter dieses Moduls betont. Wie eine Menge rosaroter

Pfeifenputzer über pfeilförmigem Laub gesellen sich dazu die Blütenstände des Schlangenknöterichs. Die von uns ausgewählte Sorte 'Superbum' ist im Gegensatz zur heimischen Ursprungsart nicht wuchernd, dabei äußerst reichblütig und mit etwas Glück remontiert sie nach einem Nachblüteschnitt sogar. Das trifft auch auf den Prachtstorchschnabel 'Rosemoor' mit seinem kompakten Wuchs und den leuchtend blauen Blüten zu.

Farbe für die unterste Etage

Auf etwa 30–40 cm Wuchshöhe schließen die gedrungenen Kuppeln der Süßen Wolfsmilch mit hinreißend rötlich changierender Blattfärbung unser Pflanzbild. Sie treiben frühzeitig leuchtend rot aus und beleben die Pflanzung die ganze Saison über mit wechselnder Laubfärbung. Sie versamen sich leicht, ohne dabei lästig zu werden. Wenn Sie sie gerne vagabundieren lassen wollen, planen Sie ausreichend Platz ein. Ein weiteres, phantastisches Gewächs aus der Familie der Wolfsmilchgewächse finden Sie bei unseren Ergänzungs- oder Alternativpflanzen: die Himalaya-Wolfsmilch 'Dixter'.

Taglilie und Blutweiderich – eine farbstarke Kombination für nährstoffreiche, sonnige Gartenplätze.

Orangerotes Feuerwerk im Beet

Wie gezückte Speerspitzen dringen die Triebe der Wolfsmilch im Frühjahr aus dem Boden. Von Mai bis Juni erfreuen uns rote Stängel und farbige Hochblätter; zum Ende der Gartensaison liefert sie mit einer gelbroten Herbstfärbung ein leuchtendes Finale! Sie vermehrt sich über Ausläufer, weshalb sie etwas Platz braucht. Großer Wiesenknopf (*Sanguisorba*) und Trollblume unterstreichen wieder den wiesenähnlichen Charakter; auf den entsprechenden Standorten treffen Sie sie auch in freier Natur an. Bei der Trollblume haben wir allerdings anstelle der heimischen Wildform die Chinesische Trollblume gewählt, deren orangegelbe, bizarre Blüten uns besonders gut gefallen. Die vom Sommer bis zum Herbst blühende Prachtscharte und die zauberhafte Blaue Prärielilie komplettieren unser Modul 1.

Freifläche: Modul 1

Pflanzplan „Wiesenüppig“

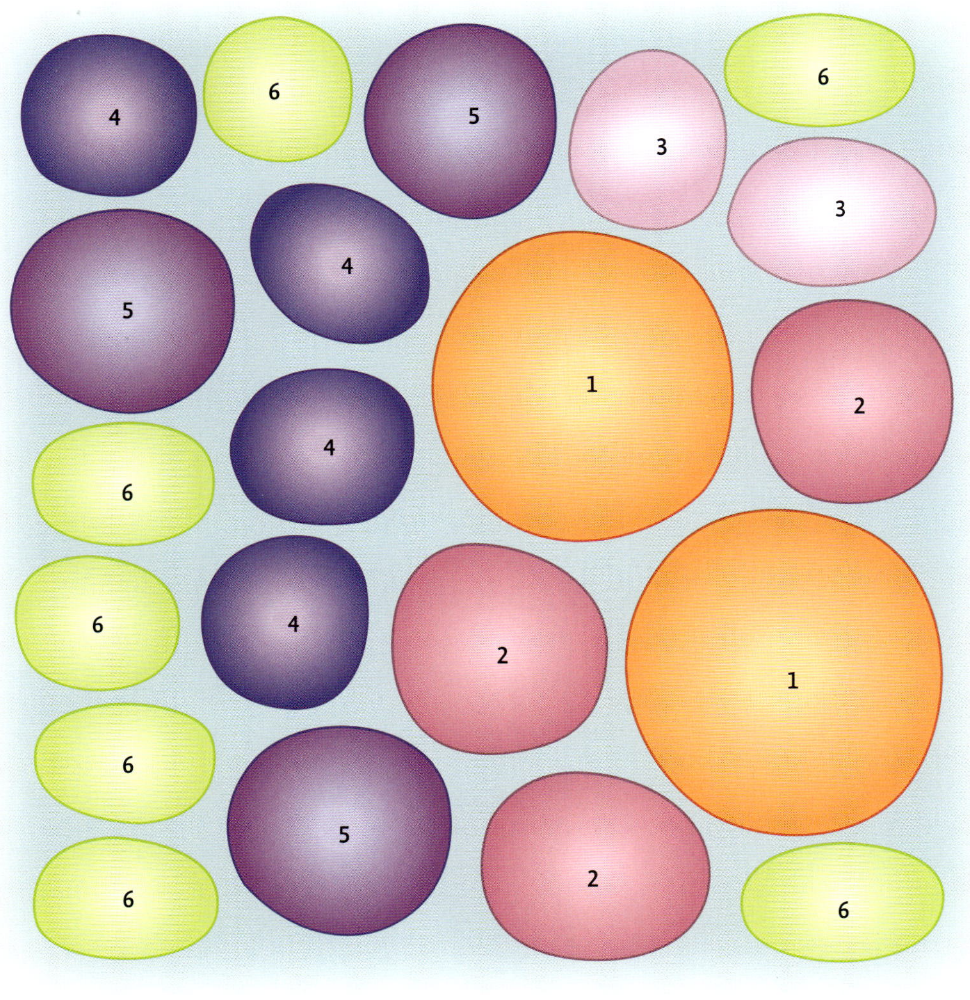

Pflanzen für Modul I:

Nr.	Bild	Deutscher Name	Botanischer Name	Blütezeit	Höhe in cm	Stückzahl pro Beet (4 m²)
1		Bahnwärter-Taglilie	*Hemerocallis fulva*	Juni – Juli	80 – 120	2
2		Blutweiderich	*Lythrum salicaria* 'Robert'	Juli – Sept.	60 – 80	3
3		Schlangenknöterich	*Polygonum bistorta* 'Superbum'	Juni – Juli und Sept.	60 – 80	2
4		Prachtstorchschnabel	*Geranium x magnificum* 'Rosemoor'	Juni – Juli und Okt.	50 – 60	4
5		Sibirische Wiesen-Iris	*Iris sibirica* 'Caesar's Brother'	Mai – Juni	80 – 100	3
6		Süße Wolfsmilch	*Euphorbia dulcis* 'Chamaeleon'	Mai – Juli	30 – 40	7

Weitere geeignete Pflanzen für diesen Standort:

Bild	Deutscher Name	Botanischer Name	Blütezeit	Höhe in cm	Stückzahl pro Beet (4 m²)
	Himalaya-Wolfsmilch	*Euphorbia griffittii* 'Dixter'	Mai – Juni	70 – 100	2
	Großer Wiesenknopf	*Sanguisorba officinalis*	Juni – Aug.	60 – 110	4
	Chinesische Trollblume	*Trollius chinensis* 'Golden Queen'	Juni – Juli	60 – 80	5
	Prachtscharte	*Liatris spicata*	Juli – Sept.	30 – 80	8
	Blaue Prärielilie	*Camassia leichtlinii* ssp. *suksdorfii* 'Caerulea'	Mai – Juni	80 – 110	11

Legende: Hauptdarsteller Nebendarsteller Statisten

Freifläche: Modul 1

Porträts „Wiesenüppig“

Bahnwärter-Taglilie

Hemerocallis fulva

Boden/Standort: nährstoff- und humusreich, trocken bis frisch; sonnig oder auch halbschattig

Blütenfarbe: braunorangerot

Blütezeit: Juni bis Juli

Höhe: 80 bis 120 cm

Besonderes: breitet sich mit der Zeit langsam aus; auch gut an Hängen und Böschungen

Blutweiderich

Lythrum salicaria 'Robert'

Boden/Standort: nährstoffreich, feucht bis nass; sonnig bis halbschattig

Blütenfarbe: leuchtend karminrot

Blütezeit: Juli bis September

Höhe: 60 bis 80 cm

Besonderes: versamt sich leicht (um ungewollte Verbreitung zu verhindern, Samenstände abschneiden)

Schlangenknöterich

Polygonum bistorta 'Superbum'

Boden/Standort: lehmig bis tonig; ausreichend feucht, sonnig bis halbschattig

Blütenfarbe: hellrosa

Blütezeit: Juni bis Juli und September

Höhe: 60 bis 80 cm, üppiger Wuchs

Besonderes: remontiert nach Rückschnitt

Prachtstorchschnabel

Geranium x *magnificum* 'Rosemoor'

Boden/Standort: frisch; sonnig bis halbschattig

Blütenfarbe: blauviolett

Blütezeit: Juni bis Juli und Oktober

Höhe: 50 bis 60 cm, kompakte Wuchsform

Besonderes: remontiert nach Rückschnitt

Sibirische Wiesen-Iris

Iris sibirica 'Caesar's Brother'

Boden/Standort: frisch oder feucht, kommt aber auch mit „normalen" Gartenböden und sogar vorübergehender Trockenheit klar; sonnig (bis halbschattig)

Blütenfarbe: dunkelblauviolett

Blütezeit: Mai bis Juni

Höhe: 80 bis 100 cm

Besonderes: zahlreiche Sorten v.a. in verschiedenen Blau-/Violettschattierungen

Süße Wolfsmilch

Euphorbia dulcis 'Chamaeleon'

Boden/Standort: frisch; sonnig

Blütenfarbe: bräunlich gelbe Blüten

Blütezeit: Mai bis Juli

Höhe: 30 bis 40 cm; harmonische, halbkugelige Wuchsform

Besonderes: sehr zierendes, mattes Laub von grünlich brauner über rotbraune bis orangene Färbung; Ausbreitung durch Versamung

Freifläche: Modul 1

Himalaya-Wolfsmilch

Euphorbia griffittii 'Dixter'

Boden/Standort: nährstoffreich und feucht; sonnig bis halbschattig

Blütenfarbe: orangerot

Blütezeit: Mai bis Juni

Höhe: 70 bis 100 cm

Besonderes: bildet zahlreiche Ausläufer; attraktive rote Stängel und orange- bis gelbrote Blätter

Großer Wiesenknopf

Sanguisorba officinalis

Boden/Standort: nicht zu trocken, etwas lehmig, mager bis nährstoffreich; sonnig bis halbschattig

Blütenfarbe: braunrot

Blütezeit: Juni bis August

Höhe: 60 bis 110 cm

Chinesische Trollblume

Trollius chinensis 'Golden Queen'

Boden/Standort: frisch bis feucht, lehmig, nährstoffreich; sonnig

Blütenfarbe: hellorange (skurrile Blütenform)

Blütezeit: Juni bis Juli

Höhe: 60 bis 80 cm

Prachtscharte

Liatris spicata

Boden/Standort: nährstoffreich, locker humos, frisch, aber keine Staunässe; sonnig

Blütenfarbe: lila

Blütezeit: Juli bis September

Höhe: 30 bis 80 cm

Besonderes: gut als Schnittblume geeignet; Schmetterlingspflanze!

Blaue Prärielilie

Camassia leichtlinii ssp. *suksdorfii* 'Caerulea'

Boden/Standort: frisch bis feucht, lehmig bis humos; sonnig bis leicht halbschattig

Blütenfarbe: blau

Blütezeit: Mai bis Juni, bis zu 100 Einzelblüten in lichten Trauben

Höhe: 80 bis 110 cm

Besonderes: versamt sich bei zusagendem Standort

Modul 2: Kies & Sonne

An einem vollsonnigen Platz, ohne Schatten werfende Gehölze oder Gebäude und mit einem durchlässigen, trockenen Boden, kommt unser Modul 2 zum Einsatz. Im Sommer kann hier schon mal Wasserknappheit herrschen – die passenden Pflanzen halten das aus.

Sonnenexponierte, geneigte Flächen wie eine Böschung am Haus oder eine Terrasse in Südlage mit einem kiesigen, sandig steinigen Boden, erfüllen ebenfalls diese Standortkriterien. Anstatt dort öde Kieslandschaften mit wenigen vor sich hinkümmernden Pflanzen inmitten von Steinwüsten entstehen zu lassen, schaffen Sie mit Modul 2 lebendige Blütenvielfalt und Strukturen.

Chinaschilf gibt den Ton an

Beherrscht wird das Beet vom Chinaschilf 'Adagio'. Obwohl es sich dabei um eine Zwergform handelt, sollten Sie dafür ausreichend Platz einkalkulieren: Eine Pflanze pro m² reicht völlig. Eine gewisse Bodentrockenheit begrenzt allerdings seine Wuchskraft, da es frischen Boden bevorzugt. Abhilfe auf ausgesprochen trockenen Standorten schafft eine Verbesserung der Bodenstruktur im Wurzelbereich der Pflanze durch Kompostgaben. Neben den halbkugeligen Gräserhorsten mit ihren fedrigen Blütenständen ergeben die imposanten Großblütigen Königskerzen ein beeindruckendes Bild. Sie sind kurzlebig, versamen sich aber reichlich. Sind sie Ihnen zu mächtig oder zu ausbreitungsfreudig, sind die gelben Blütenquirle des Brandkrauts und/oder die goldgelben Blütenscheiben der Schafgarbe gute Alternativen.

Bei entsprechendem Rückschnitt liefern Schafgarbe und Steppen-Salbei eine wochenlange Blütenfülle.

Anspruchslose Zierdisteln

Eine unserer Lieblingspflanzen ist die Kugeldistel. Weder Hitze noch Trockenheit können ihr etwas anhaben und ihre zahlreichen stahlblauen Einzelblüten sind während der langen Blütezeit ein wahrer Bienen-Magnet. Wollen Sie das Thema der kugeligen, blauen Distelblüten betonen, setzen Sie in die Lücken des Beetes Kleiner Mannstreu. Für einen herbstlichen Blütenaspekt sorgt die Hohe Fetthenne; eine unkomplizierte Staude mit fleischigen Blättern und rostroten Blütenständen, die auch im Winter ihre Zierwirkung entfalten. Kontrastreiche Begleiter der gelben Sommerblüher wie Schafgarbe & Co. sind der herrlich violettblaue Steppen-Salbei sowie die zartblaue Bart-Iris. Wir haben die Sorte 'Lovely Again' gewählt, die sich durch Blütenduft und eine sichere Nachblüte im Herbst hervortut. Zauberhafte Statisten geben verschiedene Zierlauch-Arten ab, die überall, wo noch Platz ist, zwischen den anderen Stauden verteilt werden. Oft überdauern ihre trockenen, abgeblühten Überreste bis zum Winter und setzen hübsche Akzente.

Freifläche: Modul 2

Pflanzplan „Kies & Sonne“

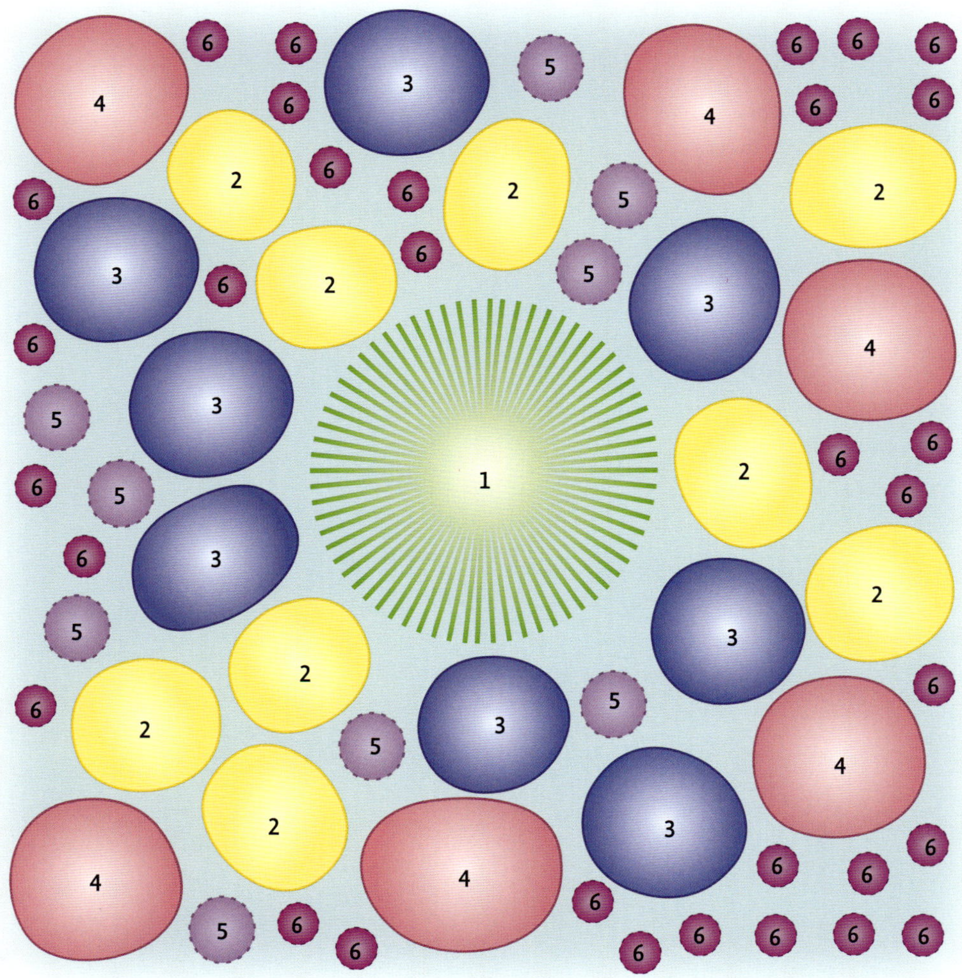

Pflanzen für Modul 2:

		Deutscher Name	Botanischer Name	Blütezeit	Höhe in cm	Stückzahl pro Beet (4 m²)
1		Zwerg-Chinaschilf, Eulalia-Gras	*Miscanthus sinensis* 'Adagio'	Sept. – Okt.	100 –140	1
2		Großblütige Königskerze	*Verbascum densiflorum*	Juli – Aug.	130 – 150	9
3		Kugeldistel	*Echinops ritro* 'Veitch's Blue'	Juli – Sept.	80 – 100	8
4		Hohe Fetthenne	*Sedum Telephium*-Hybride 'Herbstfreude'	Sept. – Okt.	50 – 70	6
5		Purpurkugellauch	*Allium aflatunense*	Mai – Juni	80 – 90	9
6		Kugellauch	*Allium sphaerocephalon*	Juli	70 – 100	32

Weitere geeignete Pflanzen für diesen Standort:

	Deutscher Name	Botanischer Name	Blütezeit	Höhe in cm	Stückzahl pro Beet (4 m²)
	Brandkraut	*Phlomis russeliana*	Juni – Juli	60 – 100	2
	Schafgarbe	*Achillea filipendulina* 'Coronation Gold'	Juni – Sept.	60 – 70	3
	Steppen-Salbei	*Salvia nemorosa* 'Mainacht'	Mai – Juni und Sept.	40 – 60	8
	Schwertlilie, Hohe Bart-Iris	*Iris barbata-elatior* 'Lovely Again'	Mai – Juni und Sept.	70 – 80	6
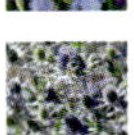	Kleiner Mannstreu	*Eryngium planum*	Juli – Aug.	30 – 70	4

Legende: Hauptdarsteller Nebendarsteller Statisten

Porträts „Kies & Sonne"

Zwerg-Chinaschilf, Eulalia-Gras

Miscanthus sinensis 'Adagio'

Boden/Standort: durchlässig, frisch mit guter Wasserversorgung, kommt aber sogar mit zeitweiser Trockenheit zurecht; sonnig

Blütenfarbe: hellsilbrig, fedrig

Blütezeit: September bis Oktober

Höhe: 100 bis 140 cm, kompakter, horstartiger Wuchs

Besonderes: bildet keine Ausläufer!

Großblütige Königskerze

Verbascum densiflorum

Boden/Standort: trocken, mager, durchlässig, kiesig; vollsonnig, heiß

Blütenfarbe: zitronengelb

Blütezeit: Juli bis August (im ersten Jahr wird nur eine Blattrosette gebildet)

Höhe: 130 bis 150 cm

Besonderes: nur kurzlebig, versamt sich jedoch stark; heimische Heilpflanze

Kugeldistel

Echinops ritro 'Veitch's Blue'

Boden/Standort: durchlässig, mager, trocken bis frisch; vollsonnig

Blütenfarbe: stahlblau

Blütezeit: Juli bis September

Höhe: 80 bis 100 cm

Besonderes: Bienen- und Schmetterlingspflanze! Remontiert nach Rückschnitt

Hohe Fetthenne
Sedum Telephium-Hybride 'Herbstfreude'

Boden/Standort: trocken bis frisch, durchlässig, mager; sonnig (halbschattig), heiß

Blütenfarbe: altrosa, später rostrot

Blütezeit: September bis Oktober

Höhe: 50 bis 70 cm

Besonderes: langlebig, robust, pflegeleicht

Purpurkugellauch
Allium aflatunense 'Purple Sensation'

Boden/Standort: trocken bis frisch, durchlässig, sonnig bis leicht halbschattig

Blütenfarbe: purpurviolett

Blütezeit: Mai bis Juni

Höhe: 80 bis 90 cm

Besonderes: nach dem Verblühen sind auch die trockenen Samenstände noch zierend

Kugellauch
Allium sphaerocephalon

Boden/Standort: durchlässig, kalkhaltig, trocken bis frisch; vollsonnig

Blütenfarbe: purpur (Blütenstand eher oval)

Blütezeit: Juli

Höhe: 70 bis 100 cm

Freifläche: Modul 2

Brandkraut

Phlomis russeliana

Boden/Standort: locker, nährstoffreich, trocken bis frisch; sonnig

Blütenfarbe: gelb

Blütezeit: Juni bis Juli

Höhe: 60 bis 100 cm

Besonderes: Ausbreitung durch Versamung; braucht konkurrenzstarke Nachbarn; wintergrünes Laub

Schafgarbe

Achillea filipendulina
'Coronation Gold'

Boden/Standort: frisch, durchlässig, nährstoffreich; vollsonnig

Blütenfarbe: gelb

Blütezeit: Juni bis September

Höhe: 60 bis 70 cm

Besonderes: remontiert bei zeitigem Rückschnitt; gut zum Schnitt und zum Trocknen geeignet

Steppen-Salbei

Salvia nemorosa 'Mainacht'

Boden/Standort: trocken bis frisch, durchlässig, warm; vollsonnig

Blütenfarbe: dunkelblauviolett

Blütezeit: Mai bis Juni und September

Höhe: 40 bis 60 cm

Besonderes: remontiert nach Rückschnitt; Schmetterlings- und Bienenpflanze!

Schwertlilie, Hohe Bart-Iris

Iris barbata-elatior 'Lovely Again'

Boden/Standort: trocken, durchlässig, keinesfalls staunass; vollsonnig

Blütenfarbe: zart hellblau, lavendelfarben, mit gelb-orangefarbenem „Bart“, eher kleinblütig, duftend!

Blütezeit: Mai bis Juni und September

Höhe: 70 bis 80 cm

Besonderes: sichere zweite Blüte im Herbst!

Kleiner Mannstreu

Eryngium planum 'Blaukappe'

Boden/Standort: trocken, durchlässig; sonnig

Blütenfarbe: metallisch blau

Blütezeit: Juli bis August

Höhe: 30 bis 70 cm

Besonderes: eignet sich zum Trocknen; Bienen- und Schmetterlingspflanze!

Freifläche

Modul 3: Präriestimmung

Eine pflegeleichte Pflanzenzusammenstellung: leicht, bunt, natürlich – das ist unser Modul „Präriestimmung". Ein passender Standort findet sich auf humosen, nährstoffreichen, durchlässigen Böden in sonniger Lage, die auch im Hochsommer nie völlig austrocknen.

Wir verwenden dabei vor allem nordamerikanische Präriestauden und Gräser, die fast alle frischen, nicht zu trockenen Boden lieben. Hauptdarsteller sind Oktober-Sonnenhut und Diamantgras; ein hervorragendes Hochsommer-Herbst-Duo. Der Sonnenhut blüht reichlich und ausdauernd von August bis Oktober; das Gras zeigt von September bis November silberweiße, duftige Blütenstände.

Niedriger bleibt das Kleine Lampenputzergras, mit kompakten Horsten und puscheligen „Lampenputzer-Blüten". Ein attraktiver Begleiter ist Wiesen-Phlox 'Magnificens'. Seine rosafarbenen Blütenstände sind von Juni bis August eine wahre Pracht; ein rechtzeitiger Schnitt regt ihn häufig zum Remontieren an. Ebenfalls lange blüht von August bis Oktober die Indianernessel. Sie darf weder zu trocken noch zu dicht stehen, um Mehltau vorzubeugen, wobei die Sorte 'Aquarius' in dieser Hinsicht sehr robust ist.

Filigranes Laub verbindet

Eine wunderbare Verbindung schafft das Nadelblättrige Mädchenauge mit feinlaubigen, sich langsam ausbreitenden Kissen, in denen ab Juni leuchtend gelbe Blütensterne erscheinen. Das Thema des duftigen Blattwerks greift auch der Bronze-Fenchel auf, allerdings in einer anderen Farbe und um ein Vielfaches höher. Als Einzelpflanze ist er nur kurzlebig, versamt sich am geeigneten Standort aber zuverlässig. Narzissen sorgen für einen zeitigen Frühjahrsflor.

Soll's etwas trockener sein?

Ist der Platz für Ihr Präriebeet insgesamt oder stellenweise trockener, als die genannten Stauden es bevorzugen, finden Sie unter den Alternativpflanzen Arten, die auch damit klarkommen. Da ist z.B. Weißer Scheinsonnenhut; mit einer Blütezeit von Juni bis September ein „Dauerbrenner" im Beet. Ebenfalls anspruchslos und auch an trockenen Orten wüchsig und ausdauernd ist die Koreaminze. Argentinisches Eisenkraut, eine wunderbare Füllpflanze, zählt zu unseren Lieblingen. Seine hellvioletten Blütenbüschel schweben auf langen dünnen Stängeln über der Pflanzung. Ähnlich wie der fedrige Fenchel verleihen sie dem Beet eine luftig leichte Ausstrahlung und punkten mit langer Blütezeit. Blüten vom Frühsommer bis zum Herbst liefert auch die Purpur-Witwenblume; wir schlagen als „Lückenfüller" die kompakte, niedrige Sorte 'Mars Midget' vor.

Augenschmaus und Bienenfreude: Robuste, pflegeleichte, blühfreudige Koreaminze in Weiß und Violett!

Freifläche: Modul 3

Pflanzplan „Präriestimmung“

Pflanzen für Modul 3:

		Deutscher Name	Botanischer Name	Blütezeit	Höhe in cm	Stückzahl pro Beet (4 m²)
1		**Oktober-Sonnenhut**	***Rudbeckia triloba***	Aug. – Okt.	90 – 120	2
2		**Diamantgras**	***Calamagrostis brachytricha***	Sept. – Nov.	70 – 100	3
3		**Kleines Lampenputzergras**	***Pennisetum alopecuroides*** 'Hameln'	Aug. – Okt.	50 – 70	4
4		**Wiesen-Phlox**	***Phlox maculata*** 'Magnificens'	Juni – Aug.	60 – 70	5
5		**Nadelblättriges Mädchenauge, Netzblattstern**	***Coreopsis verticillata*** 'Grandiflora'	Juni – Sept.	50 – 60	6
6		**Dichter-Narzisse**	***Narcissus poeticus*** 'Actaea'	April	40	39

Weitere geeignete Pflanzen für diesen Standort:

	Deutscher Name	Botanischer Name	Blütezeit	Höhe in cm	Stückzahl pro Beet (4 m²)
	**Bronze-Fenchel**	***Foeniculum vulgare*** 'Rubrum'	Juli – Okt.	110 – 160	1
	**Weißer Scheinsonnenhut, Igelkopf**	***Echinacea purpurea*** 'Alba'	Juli – Sept.	70 – 100	3
	**Weiße Koreaminze**	***Agastache rugosa*** 'Alabaster'	Juli – Sept.	60 – 80	2
	**Indianernessel**	***Monarda Fistulosa-Hybride*** 'Aquarius'	Aug. – Okt.	90 – 100	2
	**Kleine Purpur-Witwenblume**	***Knautia macedonica*** 'Mars Midget'	Juni – Okt.	40	6
	**Argentinisches Eisenkraut**	***Verbena bonariensis***	Juli – Okt.	100 – 150	8

Legende: Hauptdarsteller Nebendarsteller Statisten

Freifläche: Modul 3

Porträts „Präriestimmung“

Oktober-Sonnenhut

Rudbeckia triloba

Boden/Standort: frisch, mäßig feucht; sonnig

Blütenfarbe: tiefgelb mit schwarzem Auge

Blütezeit: August bis Oktober

Höhe: 90 bis 120

Besonderes: aufrechter Wuchs, blütenreich, kurzlebig, aber sät sich selbst aus

Diamantgras

Calamagrostis brachytricha

Boden/Standort: mäßig feucht, sollte nicht über längere Zeit austrocknen; sonnig

Blütenfarbe: silbrig rosa

Blütezeit: September bis November

Höhe: 70 bis 100 cm

Besonderes: Laub grün, im Herbst bronzefarben

Kleines Lampenputzergras

Pennisetum alopecuroides 'Hameln'

Boden/Standort: nährstoffreich, durchlässig, frisch; sonnig

Blütenfarbe: gelbbraun, im Herbst goldgelb

Blütezeit: August bis Oktober

Höhe: 50 bis 70 cm

Besonderes: kompakt und reichblühend, auch im Kübel, dann Frostschutz im Winter

Wiesen-Phlox

Phlox maculata 'Magnificens'

Boden/Standort: nährstoffreich, lehmig humos, durchlässig (nicht zu trocken!), frisch, sonnig

Blütenfarbe: karminrosa, dunkles Auge

Blütezeit: Juni bis August

Höhe: 60 bis 70 cm

Besonderes: großblütig aufrechter Wuchs

Nadelblättriges Mädchenauge, Netzblattstern

Coreopsis verticillata 'Grandiflora'

Boden/Standort: locker, humos, nährstoffreich, frisch; sonnig

Blütenfarbe: goldgelb

Blütezeit: Juni bis September

Höhe: 50 bis 60 cm

Besonderes: im Frühjahr bodennaher Rückschnitt und ggf. Düngen; filigranes nadelartiges Laub; breitet sich durch unterirdische Wurzelausläufer langsam aus

Dichter-Narzisse

Narcissus poeticus 'Actaea'

Boden/Standort: frisch, durchlässig; sonnig bis halbschattig

Blütenfarbe: weiß, Krone orange mit rötlichem Rand; duftend!

Blütezeit: April

Höhe: 40 cm

Besonderes: zum Verwildern geeignet; Laub eintrocknen lassen (nicht vorher abschneiden!); in den ersten Jahren manchmal etwas blühfaul

Freifläche: Modul 3

Bronze-Fenchel
Foeniculum vulgare 'Rubrum'

Boden/Standort: humos, frisch, nährstoffreich; sonnig

Blütenfarbe: gelb

Blütezeit: Juli bis September

Höhe: 110 bis 160 cm

Besonderes: bronzebraunes Laub; zweijährig, versamt sich gut; essbar und aromatisch, Früchte als Tee verwendbar

Weißer Scheinsonnenhut, Igelkopf
Echinacea purpurea 'Alba'

Boden/Standort: durchlässig, nährstoffreich, warm, trocken oder frisch; sonnig, sehr trockenheitsresistent

Blütenfarbe: weiß mit braungrünlicher Mitte

Blütezeit: Juli bis September

Höhe: 70 bis 100 cm

Besonderes: nordamerikanische Heilpflanze (Immunsystem, Erkältung)

Weiße Koreaminze
Agastache rugosa 'Alabaster'

Boden/Standort: sandig, trocken; sonnig, anspruchslos

Blütenfarbe: weiß

Blütezeit: Juli bis September

Höhe: 60 bis 80 cm

Besonderes: aromatischer Duft; versamt sich; Schmetterlingspflanze!

Indianernessel

Monarda Fistulosa-Hybride 'Aquarius'

Boden/Standort: trocken bis frisch, aber nicht zu trocken (sonst Mehltaubefall!) und auch keine Staunässe; sonnig

Blütenfarbe: kräftig violettrosa

Blütezeit: August bis September

Höhe: 90 bis 100 cm

Besonderes: relativ mehltaufeste Sorte; kompletter Rückschnitt nach der Blüte empfehlenswert

Kleine Purpur-Witwenblume

Knautia macedonica 'Mars Midget'

Boden/Standort: trocken bis frisch, anspruchslos; sonnig

Blütenfarbe: weinrot

Blütezeit: Juni bis Oktober

Höhe: 40 cm

Besonderes: langblühende anspruchslose Wildstaude; insektenfreundlich!

Patagonisches Eisenkraut

Verbena bonariensis

Boden/Standort: trocken; sonnig

Blütenfarbe: hellviolett

Blütezeit: Juli bis Oktober

Höhe: 100 bis 150 cm

Besonderes: Frühjahrspflanzung, oft nur kurzlebig, erhält sich aber durch Versamung

Beet: Farbenpracht und Blütenreichtum

Den Lebensbereich „Beet“ findet man häufig in Gärten: In vorwiegend sonniger Lage ist durch jahrelange Kultivierung, Düngung, Kompostwirtschaft und stetiges Umgraben ein nährstoffreicher, tiefgründiger Boden entstanden, auf dem prächtige Beetstauden gedeihen.

Es muss jedoch auch nicht immer eine vollsonnige Lage sein; der Standort „Beet“ kann ebenfalls weniger besonnt oder gar halbschattig sein. Hinsichtlich der Bodenfeuchtigkeit ist von trocken bis feucht alles möglich; entscheidend ist, dass eine gute Bodenstruktur vorherrscht. Deshalb trocknet der Boden niemals so stark aus und ist zudem nicht so arm an Nährstoffen wie z.B. in einem Kiesbeet. Dafür ist solch ein „Beet“ allerdings auch pflegeaufwendiger: Der Boden zwischen den Pflanzen sollte regelmäßig von unerwünschtem Bewuchs freigehalten oder gemulcht werden.

Beet- und Prachtstauden

Diese optimalen Standortbedingungen, die sich im Übrigen auch gut für den Anbau von Gemüse eignen würden, sind ideal für eine Vielzahl sogenannter „Beet- und Prachtstauden“. Sie zeichnen sich durch Lang- und Reichblütigkeit, opulente Farbenfülle und oft üppige Wuchsformen aus. Bei vielen dieser Stauden handelt es sich um alte Bauerngarten- und Kulturpflanzen, wie etwa die Pfingstrose sowie deren besonders großblütige und farbintensive Sorten. Der Lebensraum „Beet“ ist bezogen auf seinen Farben- und Blütenreichtum von allen Bereichen der wohl auffälligste. Repräsentative Rabatten und Schmuckbeete, bunte Cottage- und Bauerngärten, prachtvolle Stauden-Rosen-Kombinationen – das alles lässt sich hier verwirklichen. Typische Beetstauden sind z.B. Astern, Schwertlilien (*Iris Barbata*-Gruppe), Orientalischer Mohn, Eisenhut, Taglilien und Prachtspieren (*Astilbe*).

Beete „very British“

„English Borders“ oder „Mixed Borders“ – üppige Rabatten hinter sanft geschwungenen Rasenwegen – sind der Traum zahlreicher Gartenliebhaber! In Modul 5 (siehe Seite 60) stellen wir Ihnen ausgewählte Stauden vor, mit denen solche Gartenphantasien auch in unserem Klima gelingen.

Modul 4: Bunte Blütenpracht

Blütenvielfalt, Farbenpracht und Üppigkeit, Nützliches mit Schönem gekonnt kombiniert – das alles kennzeichnet ein typisches Bauergartenbeet. Hier ist auch Platz für einjährige Sommerblumen wie Ringelblume, Sonnenblume, Löwenmaul.

Bauerngartenstauden sollen pflegeleicht und robust sein. Geeignete Arten bevorzugen außerdem einen nährstoffreichen Boden – ausgeprägte Bauerngartenböden sind durch Jahre der Kompostwirtschaft, Düngung und Bodenverbesserung entstanden. Wir beginnen mit einer langlebigen Bauerngartenpflanze: der Pfingstrose. Bei genügend Platz verwenden Sie davon ruhig mehrere Sorten.

„Ein Garten ohne Phlox ist ein Irrtum“

Folgen wir diesem Ausspruch Karl Foersters, Staudenzüchter und Gartenbuchautor, haben wir einen weiteren Hauptdarsteller. Auch für den Hohen Sommer-Phlox gilt, dass Sie bei einem großen Beet im umfangreichen Sortiment schwelgen und mehrere Sorten pflanzen dürfen. Wegen ihrer zauberhaften, nostalgisch anmutenden Farbe haben wir die Karl-Foerster-Sorte ‘Landhochzeit’ gewählt. Als Begleiter fungiert Orientalischer Mohn mit Aufsehen erregenden roten Blüten von Mai bis Juni. Neben Rot und Rosa sorgen Pfirsichblättrige Glockenblume und Storchschnabel ‘Johnson’s Blue’ für einen starken Kontrast in Blau, zu dem sich im Spätsommer leuchtendes Goldruten-Gelb gesellt. Wir empfehlen die niedrige, nicht wuchernde Sorte ‘Laurin’. Unsere erste Alternativpflanze ist Rittersporn. Eine prächtige und nahezu unentbehrliche Bauerngartenstaude – falls Sie kein Schneckenproblem haben! Wir verzichten aus diesem Grund mittlerweile auf Rittersporn; für leuchtendes Blau sorgen dann Glockenblumen und Storchschnabel. Ob Rittersporn oder Glockenblumen – zu beiden gibt die Schafgarbe mit sonnengelben Blütenständen einen genialen Partner!

Bunt und fröhlich wirkt ein solches Bauerngartenbeet mit leuchtenden Farben und reicher Blütenfülle.

Rot in Variationen

In einem entsprechend großen Beet kommt dazu Brennende Liebe, ein unkompliziertes Nelkengewächs. Nach den riesigen Mohnblüten im Mai, den Blütenbällen der Pfingstrosen im Juni variieren die Blütenkuppeln der Brennenden Liebe die Farbe Rot im Juli ein weiteres Mal. Dazu noch Garten-Margerite, die von Juni bis September unermüdlich eine Unmenge an strahlend weißen Blüten hervorbringt. Im Austrieb ist allerdings auch sie schneckengefährdet! Zuletzt füllen Sie die Lücken im Beet mit Zwiebeln der Kaiserkrone, einer alten Bauerngartenpflanze mit herbem Duft, der angeblich Wühlmäuse vertreibt. Die gelb blühende Sorte ‘Lutea Maxima’ bringt schon ab April Farbe ins Beet.

Beet: Modul 4

Pflanzplan „Bunte Blütenpracht“

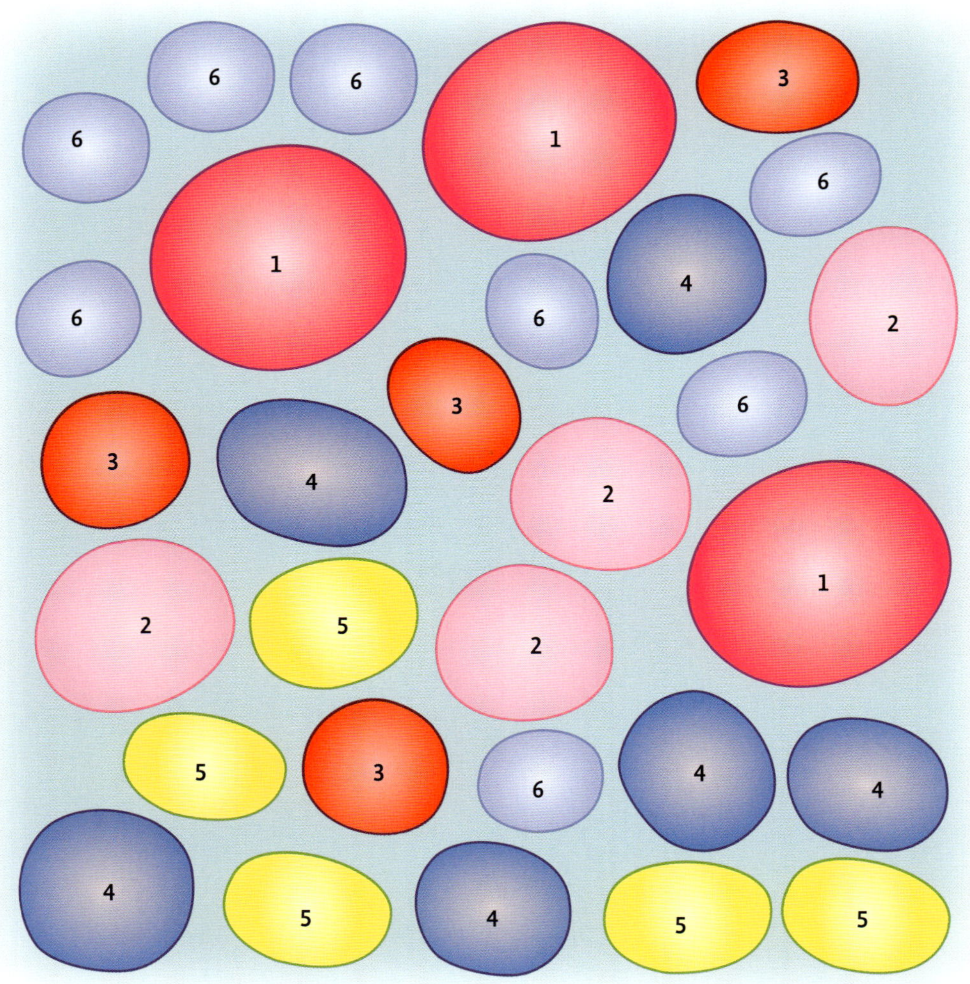

Pflanzen für Modul 4:

		Deutscher Name	Botanischer Name	Blütezeit	Höhe in cm	Stückzahl pro Beet (4 m²)
1		Edel-Pfingstrose	***Paeonia lactiflora*** 'Bunker Hill'	Juni	60–80	3
2		Hoher Sommer-Phlox	***Phlox paniculata*** 'Landhochzeit'	Juli–Aug.	80–100	4
3		Orientalischer Mohn	***Papaver orientale*** 'Beauty of Livermere'	Mai–Juni	100	4
4		Storchschnabel	***Geranium Pratense-*** **Hybride** 'Johnson's Blue'	Juni–Aug.	30–40	6
5		Goldrute	***Solidago* x *cultorum*** 'Laurin'	Aug.–Sept.	30–40	5
6		Pfirsichblättrige Glockenblume	***Campanula persicifolia*** 'Grandiflora Coerulea'	Juni–Juli	60–80	8

Weitere geeignete Pflanzen für diesen Standort:

	Deutscher Name	Botanischer Name	Blütezeit	Höhe in cm	Stückzahl pro Beet (4 m²)
	Rittersporn	***Delphinium Belladonna-*** **Hybride** 'Atlantis'	Juni–Juli und Okt.	70–80	1
	Schafgarbe	***Achillea filipendulina*** 'Parkers Variety'	Juni–Aug.	100–120	5
	Garten-Margerite	***Leucantemum Maximum-*** **Hybride** 'Gruppenstolz'	Juni–Sept.	50–60	3
	Brennende Liebe	***Lychnis chalcedonica***	Juni–Juli	60–80	5
	Kaiserkrone	***Fritillaria imperialis***	April–Mai	90–120	6

Legende: Hauptdarsteller Nebendarsteller Statisten

Beet: Modul 4

Porträts „Bunte Blütenpracht“

Edel-Pfingstrose
Paeonia lactiflora 'Bunker Hill'

Boden/Standort: frisch, nährstoffreich; sonnig

Blütenfarbe: kirschrot, halbgefüllt, duftend!

Blütezeit: Juni

Höhe: 60 bis 80 cm

Besonderes: gut zum Schnitt geeignet

Hoher Sommer-Phlox
Phlox paniculata
'Landhochzeit'

Boden/Standort: lehmig, nährstoffreich, durchlässig, frisch bis feucht, wobei diese Sorte auch mit leichteren und trockeneren Böden klarkommt; sonnig bis halbschattig

Blütenfarbe: hellrosa mit dunkelviolettem Auge; duftend!

Blütezeit: Juli bis August

Höhe: 80 bis 100 cm

Besonderes: Stängel rotbraun

Türkischer Mohn
Papaver orientale
'Beauty of Livermere'

Boden/Standort: nicht zu nährstoffreich, trocken bis frisch; vollsonnig

Blütenfarbe: scharlachrot mit schwarzer Mitte

Blütezeit: Mai bis Juni

Höhe: 100 cm

Besonderes: Laub zieht nach Blüte ein

Besonderes: Laub zieht nach der Blüte ein und treibt im Herbst wieder aus

Storchschnabel

Geranium Pratense-Hybride 'Johnson's Blue'

Boden/Standort: nährstoffreich, locker-humos, lehmig sandig, frisch; sonnig bis halbschattig

Blütenfarbe: leuchtend blau

Blütezeit: Juni bis August

Höhe: 30 bis 40 cm

Besonderes: lockerer Wuchs; Rückschnitt nach der Blüte empfehlenswert

Goldrute

Solidago x cultorum 'Laurin'

Boden/Standort: lehmig, humos, frisch; sonnig, (leicht halbschattig)

Blütenfarbe: gelb

Blütezeit: August bis September

Höhe: 30 bis 40 cm

Besonderes: im Gegensatz zur Wildart nicht wuchernd; Bienenpflanze!

Pfirsichblättrige Glockenblume

Campanula persicifolia 'Grandiflora Coerulea'

Boden/Standort: humos, durchlässig, trocken bis frisch; sonnig bis halbschattig

Blütenfarbe: violettblau

Blütezeit: Juni bis Juli

Höhe: 60 bis 80 cm

Beet: Modul 4

Rittersporn

Delphinium Belladonna-
Hybride ‘Atlantis’

Boden/Standort: frisch, nährstoffreich; sonnig; kommt selbst mit rauerem Klima klar

Blütenfarbe: tiefblau

Blütezeit: Juni bis Juli und Oktober

Höhe: 70 bis 80 cm

Besonderes: remontiert nach Rückschnitt; standfest; im Austrieb leider schneckengefährdet!

Schafgarbe

Achillea filipendulina
‘Parkers Variety’

Boden/Standort: frisch, durchlässig, nährstoffreich; sonnig

Blütenfarbe: gelb

Blütezeit: Juni bis August

Höhe: 100 bis 120 cm

Besonderes: gut zum Schnitt und zum Trocknen geeignet

Garten-Margerite

Leucantemum Maximum-
Hybride 'Gruppenstolz'

Boden/Standort: humos, trocken bis frisch; sonnig

Blütenfarbe: weiß

Blütezeit: Juni bis September

Höhe: 50 bis 60 cm

Besonderes: kurzlebig, daher am besten alle 3 Jahre teilen und neu einsetzen; Austrieb leider schneckengefährdet!

Brennende Liebe

Lychnis chalcedonica

Boden/Standort: nährstoffreich, ausreichend feucht; sonnig

Blütenfarbe: hellrot

Blütezeit: Juni bis Juli

Höhe: 60 bis 80 cm

Besonderes: Rückschnitt nach der Blüte empfehlenswert

Kaiserkrone

Fritillaria imperialis
'Lutea Maxima'

Boden/Standort: nährstoffreich, frisch; sonnig bis leicht halbschattig

Blütenfarbe: goldgelb

Blütezeit: April bis Mai

Höhe: 90 bis 120 cm

Modul 5: Mixed Borders

Beete nach dem Vorbild englischer Gärten, sogenannte „Mixed Borders“, werden meist entlang eines Rasenwegs angelegt, der zum Flanieren und Bewundern einlädt. Auf den Maßstab normaler Gärten übertragen, sind sie ein prächtiger Blickfang.

Günstig ist es, ein Beet im englischen Gartenstil vor einer Hecke oder einem Zaun zu platzieren, um einen passenden Hintergrund für die bunte Blütenpracht zu haben. Ist Ihr Garten allerdings anders beschaffen, scheuen Sie sich nicht, diese Vorgaben abzuwandeln. Reicht der Platz, können auch Gehölze wie z.B. Strauchrosen integriert werden. Für die Stauden gilt: Hoch und üppig darf es sein!

Himmelwärts mit Blütenkerzen!

Daher verwenden wir als Hauptdarsteller Stockmalven oder -rosen, die mit einer imposanten Höhe von ca. 1,50 m und einer Fülle zarter Malvenblüten Eindruck machen. Setzen Sie sie entlang eines Zauns oder geben ihnen eine Stütze. Als Partner gesellen wir ihnen zart rosafarbene Weidenröschen zur Seite. Sie bilden im Laufe der Zeit Ausläufer, brauchen daher konkurrenzstarke Nachbarn oder gelegentliches Ausdünnen. Hochwüchsige Blütenkerzen steuern auch Fingerhut und Lupine bei. Stockrosen und Weidenröschen sind vom Sommer bis zum Herbst attraktiv und auch der Armenische Storchschnabel 'Anne Thomson' steht ihnen darin in nichts nach. Mit ca. 40 cm Höhe und einer kompakten Wuchsform bringt er Farbe in die untere Etage: Angefangen vom gelbgrün leuchtenden Austrieb im Frühjahr, über seine lang andauernde Blüte in glühendem Rotviolett mit schwarzem Auge bis hin zu seiner rötlichen Herbstfärbung.

Stockrosen sind ausdauernde Blüher, die den ganzen Sommer über seidige Malvenblüten entfalten.

Saisonbeginn mit Pfingstrose und Akelei

Neben diesen unermüdlichen Sommer- und Herbstblühern schaffen wir mit zeitig blühenden Pfingstrosen einen ersten Blütenhöhepunkt im Frühling. Die Hybride 'Henry Bockstoce' überzeugt mit prächtigen, gefüllten Blütenbällen in einem kräftigen, dunklen Rot. Nach der Blütezeit wirken ihre Blatthorste, umgeben von den aufstrebenden „Himmelsstürmern" Fingerhut & Co., wie satte, dunkelgrüne Ruhepole im Beet. Die dazwischen eingestreuten zarten Akeleien bezaubern in verschiedenen Farben. Auch das Tränende Herz entfaltet seine zierlichen herzförmigen Blüten mit dem erwachenden Frühling; zieht nach der Blüte allerdings ein, weshalb dann die kahlen Stellen am besten hinter einer später austreibenden Nachbarpflanze versteckt werden, beispielsweise der Weißen Myrten-Aster. Für noch mehr Farbe und Leuchtkraft im Beet sorgen Vexiernelke und Nelkenwurz.

Pflanzplan „Mixed Borders“

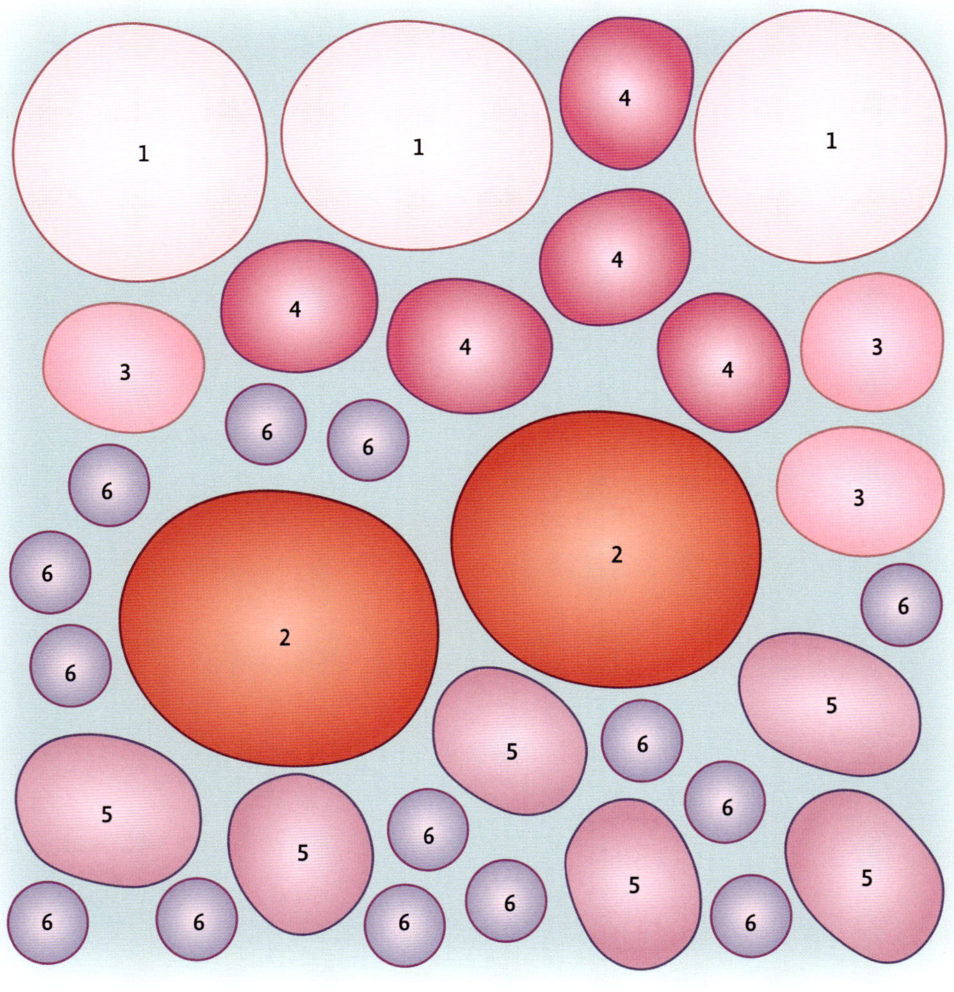

Pflanzen für Modul 5:

		Deutscher Name	Botanischer Name	Blütezeit	Höhe in cm	Stückzahl pro Beet (4 m^2)
1		Ausdauernde Stockrose	*Alcea*-Hybride 'Parkfrieden'	Juni – Sept.	140 – 180	3
2		Pfingstrose	*Paeonia*-Hybride 'Henry Bockstoce'	Mai – Juni	80 – 100	2
3		Schmalblättriges Weidenröschen	*Epilobium angustifolium* 'Stahl Rose'	Juli – Sept.	60 – 80	3
4		Purpurfingerhut	*Digitalis purpurea*	Juni – Juli	70 – 100	5
5		Armenischer Storchschnabel	*Geranium Psilostemon*-Hybride 'Anne Thomson'	Juni – Sept.	30 – 40	6
6		Garten-Akelei	*Aquilegia vulgaris* 'Grandmothers Garden'	Mai – Juni	40 – 60	14

Weitere geeignete Pflanzen für diesen Standort:

	Deutscher Name	Botanischer Name	Blütezeit	Höhe in cm	Stückzahl pro Beet (4 m^2)
	Rote Lupine	*Lupinus Polyphyllus*-Hybride 'Edelknabe'	Juni – Aug.	60 – 80	3
	Tränendes Herz	*Dicentra spectabilis*	Mai – Juni	50 – 80	2
	Myrten-Aster	*Aster ericoides* 'Schneetanne'	Okt.–Nov.	90 – 100	4
	Nelkenwurz	*Geum coccineum* 'Borisii'	Mai – Juli	30	5
	Samtnelke, Vexiernelke, Lichtnelke	*Lychnis coronaria*	Juni – Juli	50 – 80	3

Legende: Hauptdarsteller Nebendarsteller Statisten

Beet: Modul 5

Porträts „Mixed Borders“

Ausdauernde Stockrose
Alcea-Hybride ‘Parkfrieden’

Boden/Standort: nährstoffreich, durchlässig, trocken (bis frisch), windgeschützt; sonnig

Blütenfarbe: zartrosa, halbgefüllt

Blütezeit: Juni bis September

Höhe: 140 bis 180 cm (mit Stütze)

Besonderes: lange Blühdauer und robust, gut für Zäune geeignet

Pfingstrose
Paeonia-Hybride ‘Henry Bockstoce’

Boden/Standort: humos, frisch; sonnig

Blütenfarbe: dunkelrot, gefüllt

Blütezeit: Mai bis Juni

Höhe: 80 bis 100 cm

Besonderes: reichblütig; standfest dank kräftiger Stiele; Knospen am Wurzelstock sollten aus dem Boden herausschauen

Schmalblättriges Weidenröschen
Epilobium angustifolium ‘Stahl Rose’

Boden/Standort: nährstoffreich, trocken bis frisch; sonnig bis halbschattig

Blütenfarbe: zartrosa

Blütezeit: Juli bis September

Höhe: 60 bis 80 cm

Besonderes: zierende Samenstände; braucht konkurrenzstarke Nachbarn, dennoch längst nicht so ausbreitungsfreudig wie die Wildart!

Purpurfingerhut

Digitalis purpurea

Boden/Standort: frisch, nicht auf sehr kalkhaltigen Böden; sonnig bis halbschattig

Blütenfarbe: rotviolett

Blütezeit: Juni bis Juli

Höhe: 70 bis 100 cm

Besonderes: giftig! zweijährig; Selbstaussaat am passenden Standort

Armenischer Storchschnabel

Geranium Psilostemon-Hybride 'Anne Thomson'

Boden/Standort: frisch, nährstoffreich; sonnig bis halbschattig

Blütenfarbe: dunkelviolettrot mit schwarzem Auge

Blütezeit: Juni bis September

Höhe: 30 bis 40 cm

Besonderes: kompakter Wuchs; Laub im Austrieb leuchtend gelbgrün, im Herbst rötlich

Garten-Akelei

Aquilegia vulgaris 'Grandmothers Garden'

Boden/Standort: humos, trocken bis frisch; sonnig bis halbschattig

Blütenfarbe: Farbmischung von weiß, altrosa, violett, weinrot, blau

Blütezeit: Mai bis Juni

Höhe: 40 bis 60 cm

Besonderes: kurzlebig, aber versamt sich gut in stets wechselnden Farbkombinationen

Beet: Modul 5

Rote Lupine

Lupinus Polyphyllus-Hybride 'Edelknabe'

Boden/Standort: durchlässig, nicht zu nährstoffreich, durchlässig, frisch, sonnig

Blütenfarbe: karminrot

Blütezeit: Juni bis August

Höhe: 60 bis 80 cm

Besonderes: kurzlebige Staude, giftig!

Tränendes Herz

Dicentra spectabilis

Boden/Standort: humos, durchlässig, frisch; sonnig bis leicht schattig

Blütenfarbe: rosa mit weiß

Blütezeit: Mai bis Juni

Höhe: 50 bis 80 cm

Besonderes: Laub zieht früh ein; im Austrieb etwas spätfrostgefährdet

Myrten-Aster
Aster ericoides 'Schneetanne'

Boden/Standort: durchlässig, humos, frisch; sonnig

Blütenfarbe: weiß

Blütezeit: Oktober bis November

Höhe: 90 bis 120 cm

Besonderes: zuverlässige reiche Blüte, Insektenpflanze!

Nelkenwurz
Geum coccineum 'Borisii'

Boden/Standort: frisch bis feucht, wobei zeitweise Trockenheit toleriert wird; sonnig

Blütenfarbe: rotorangefarben

Blütezeit: Mai bis Juli

Höhe: 30 cm

Besonderes: reichblütig; z.T. im Herbst remontierend; alle paar Jahre teilen und neu einsetzen

Samtnelke, Vexiernelke, Lichtnelke
Lychnis coronaria

Boden/Standort: durchlässig, nicht zu nährstoffreich, trocken; sonnig

Blütenfarbe: leuchtend karminrot

Blütezeit: Juni bis Juli

Höhe: 50 bis 80 cm

Besonderes: insektenfreundlich (Zitronenfalter!); kurzlebig, aber bei offenem Boden gut versamend

Beet

Modul 6: Rosenkavaliere

Die Königin der Blumen, die Rose, ist auf der Gartenbühne eine Diva im Rampenlicht. Wird sie von den passenden Begleitern, sozusagen ihrem Hofstaat, umgeben, setzt dieser sie noch wirkungsvoller in Szene und hebt ihre Schönheit besonders hervor.

In unserem Modul 6 sind daher die Rosen die Stars und übernehmen die Funktion der Leitstauden. Ihnen stellen wir einige Rosenkavaliere zur Seite. Diese müssen vor allem eines können: Mit den Standortbedingungen der Rosen gut zurechtkommen. Das bedeutet sonnige, luftige Plätze auf lockeren, durchlässigen, tiefgründigen, lehmig humosen Böden. Passende Pflanzen gibt es eine ganze Menge; wir haben uns bei diesem Modul in erster Linie für niedrige bis mittelhohe Stauden entschieden, die mehr oder weniger kompakte Horste bilden. Sie umschmeicheln die „dünnen Beine“ der Rosenstöcke und sorgen dort, wo diese oft lückenhaft wirken, für mehr Volumen. Ganz ausgezeichnet erfüllen diese Aufgabe Storchschnabel 'Biokowo', Steppen-Salbei, Frauenmantel, Katzenminze, Großblütiger Ziest oder Lavendel, wobei letzterer eigentlich einen magereren Boden bevorzugt als die Rosen.

Silberwolliges Laub

Einen optischen Ruhepol, vor dem das farbige Blütenspektakel der Rosen aufs Schönste zu Geltung kommt, bilden die silbergrauen Blattpolster des Woll-Ziest. Seine rosa-violettfarbenen Blütenkerzen sind in puncto Farbe und Größe eher zurückhaltend, aber ihre aufrechte Form wirkt kontrastreich. Wenn sich zwischen den graufilzigen Blättern des Ziests dann im Juni/Juli auf schlanken Stielen die grandiosen, beinahe metallisch wirkenden Blütenkugeln des Sternkugel-Lauchs erheben, ergibt sich ein weiteres großartiges Gartenbild. Besonders schmeicheln den Rosenstöcken auch Kissen-Astern. Während Storchschnabel und Ziest ihre Blütenfülle von Spätfrühling bis Sommer beisteuern, erfreuen die Astern lange in den Herbst hinein mit bezaubernden blauvioletten Wolken aus vielen kleinen Blütensternen. Einen weiteren wunderschönen Herbstaspekt erzeugt das Lampenputzergras 'Hameln': Es bildet luftige Polster bzw. fedrige Büschel sobald es blüht – zauberhaft zusammen mit der herbstlichen Rosenblüte!

Blaue Blüher wie z.B. Lavendel oder Katzenminze geben immer harmonische Rosenpartner ab.

Gelbe Wiesenraute

Obwohl die Rose in diesem Beet die Hauptrolle spielt und wir ihr bisher nur Partner zur Seite gestellt haben, die sie nicht überragen, machen wir mit unserer letzten Staude eine Ausnahme: Die Gelbe Wiesenraute wird zwar ca. 120 m hoch, wirkt jedoch durch ihre schmale Gestalt, das zarte, blaugrüne Laub und die blass schwefelgelben Blütenstände weder wuchtig noch aufdringlich, sondern anmutig und zart.

Beet: Modul 6

Pflanzplan „Rosenkavaliere“

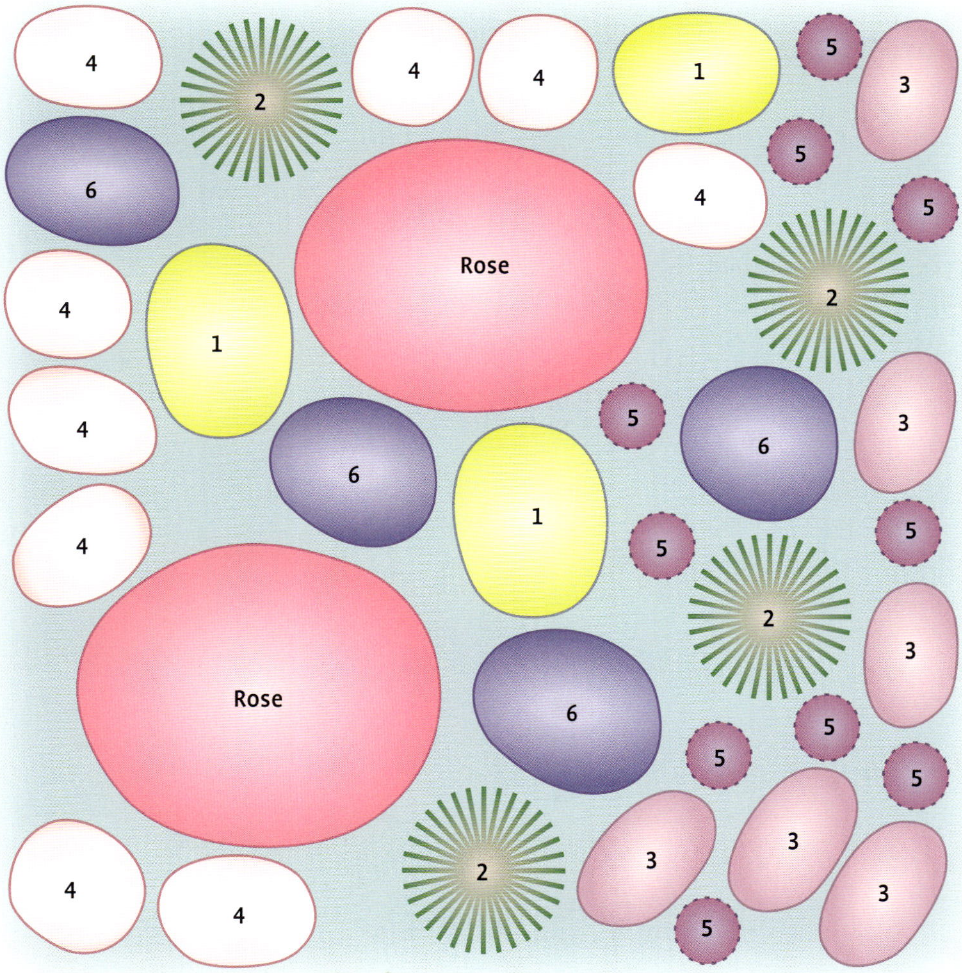

Pflanzen für Modul 6:

Nr.	Bild	Deutscher Name	Botanischer Name	Blütezeit	Höhe in cm	Stückzahl pro Beet (4 m²)
1		**Gelbe Wiesenraute**	***Thalictrum flavum* ssp. glaucum**	Juli – Aug.	120 – 150	3
2		**Kleines Lampenputzergras**	***Pennisetum alopecuroides*** 'Hameln'	Aug. – Okt.	50 – 80	4
3		**Woll-Ziest**	***Stachys byzantina***	Juni – Juli	40 – 60	6
4		**Storchschnabel**	***Geranium* x *cantabrigiense*** 'Biokowo'	Mai – Juli	20 – 25	9
5		**Sternkugel-Lauch**	***Allium christophii***	Juni – Juli	40 – 60	10
6		**Blaue Kissen-Aster**	***Aster dumosus***	Sept. – Okt.	20 – 35	4

Weitere geeignete Pflanzen für diesen Standort:

Bild	Deutscher Name	Botanischer Name	Blütezeit	Höhe in cm	Stückzahl pro Beet (4 m²)
	**Großblütiger Ziest**	***Stachys grandiflora*** 'Superba'	Juli – Aug.	40 – 50	6
	**Steppen-Salbei**	***Salvia nemorosa*** 'Mainacht'	Mai – Juni und Sept.	40 – 60	8
	**Frauenmantel**	***Alchemilla mollis***	Juni – Juli	30 – 50	6
	**Katzenminze**	***Nepeta* x *faassenii***	Mai – Aug.	30 – 40	4
	**Lavendel**	***Lavandula angustifolia*** 'Hidcote Blue'	Juni – Juli	30 – 40	5

Legende: Hauptdarsteller Nebendarsteller Statisten

Beet: Modul 6

Porträts „Rosenkavaliere“

Gelbe Wiesenraute

Thalictrum flavum ssp. *glaucum*

Boden/Standort: frisch bis feucht, humos; sonnig bis halbschattig

Blütenfarbe: schwefelgelb

Blütezeit: Juli bis August

Höhe: 120 bis 150 cm

Besonderes: anspruchslos und robust; versamt sich bei passendem Standort

Kleines Lampenputzergras

Pennisetum alopecuroides 'Hameln'

Boden/Standort: nährstoffreich, durchlässig, frisch; sonnig

Blütenfarbe: gelbbraun, im Herbst goldgelb

Blütezeit: August bis Oktober

Höhe: 50 bis 70 cm

Besonderes: kompakt und reichblühend; auch im Kübel, dann aber Frostschutz im Winter

Woll-Ziest

Stachys byzantina

Boden/Standort: trocken, durchlässig, eher nährstoffarm; sonnig

Blütenfarbe: lilarosa

Blütezeit: Juni bis Juli

Höhe: 40 bis 60 cm

Besonderes: gut als Einfassungspflanze oder Bodendecker geeignet

Storchschnabel

Geranium x cantabrigiense
'Biokowo'

Boden/Standort: warm, durchlässig, trocken bis frisch; sonnig bis halbschattig

Blütenfarbe: weiß, Staubgefäße rosafarben, im Verblühen leicht rosafarben

Blütezeit: Mai bis Juli

Höhe: 20 bis 25 cm

Besonderes: wintergrünes Laub, rötliche Herbstfärbung; verträglicher Bodendecker; gelegentlich einkürzen, wenn die Pflanzen zu viel Platz beanspruchen

Sternkugel-Lauch

Allium christophii

Boden/Standort: trocken bis frisch, nicht zu nährstoffreich; sonnig bis leicht halbschattig

Blütenfarbe: amethystfarben

Blütezeit: Juni bis Juli

Höhe: 20 bis 50 cm

Besonderes: riesige Blütenkugeln mit bis 20 cm Durchmesser! Gut zum Schnitt und zum Trocknen geeignet!

Blaue Kissen-Aster

Aster dumosus
'Blauer Gletscher'

Boden/Standort: frisch, gut mit Nährstoffen versorgt; sonnig

Blütenfarbe: blauviolett, halbgefüllt

Blütezeit: September bis Oktober

Höhe: 20 bis 35 cm

Besonderes: sehr widerstandsfähig und robust!

Beet: Modul 6

Großblütiger Ziest

Stachys grandiflora ‘Superba’

Boden/Standort: locker, humos, durchlässig, trocken bis frisch; sonnig bis halbschattig

Blütenfarbe: rosaviolett

Blütezeit: Juli bis August

Höhe: 40 bis 50 cm

Besonderes: reichblühend, auch zum Schnitt geeignet

Steppen-Salbei

Salvia nemorosa ‘Mainacht’

Boden/Standort: trocken bis frisch, durchlässig, warm; vollsonnig

Blütenfarbe: dunkelblauviolett

Blütezeit: Mai bis Juni und September

Höhe: 40 bis 60 cm

Besonderes: remontiert nach Rückschnitt; Schmetterlings- und Bienenpflanze!

Frauenmantel

Alchemilla mollis

Boden/Standort: frisch bis feucht; leicht sonnig bis sonnig

Blütenfarbe: gelbgrün

Blütezeit: Juni bis Juli

Höhe: 30 bis 50 cm

Besonderes: robust, Rückschnitt nach der Blüte empfehlenswert, um kompakte Form zu erhalten

Katzenminze

Nepeta x faassenii

Boden/Standort: durchlässig, humos, trocken bis frisch; sonnig

Blütenfarbe: hell blauviolett

Blütezeit: Mai bis August

Höhe: 30 bis 40 cm

Besonderes: graulaubig; Rückschnitt nach der Blüte empfehlenswert

Lavendel

Lavandula angustifolia 'Hidcote Blue'

Boden/Standort: warm, durchlässig, kalkhaltig, trocken; vollsonnig

Blütenfarbe: dunkel blauviolett

Blütezeit: Juni bis Juli

Höhe: 30 bis 40 cm

Besonderes: graugrünes Laub; kompakter Wuchs; Rückschnitt nach dem Winter und nach der Blüte

Gehölz: Zauberhafte Schattenplätze

Lichter Schatten oder Halbschatten unter (Laub-)Baum- oder Strauchgruppen, wo nur wenig Sonne bis zum Boden vordringt, kennzeichnen den Lebensbereich „Gehölz“. Der Boden ist meistens mehr oder weniger feucht und durch das rottende Laub der Gehölze humos.

Bepflanzt werden am besten schon etwas länger bestehende Gehölzanlagen, wenn es dort ausreichend schattig ist. Durch ihren alljährlichen Laubfall liefern die Gehölze organisches Material für nahrhaften und feuchtigkeitsspeichernden Humus. Praktisch für den Gartenbesitzer: Herbstliches Falllaub muss keineswegs penibel entfernt werden; die passenden Waldstauden wie z.B. Elfenblumen und Farne sind auf diese Nährstoff- und Humusquelle sogar angewiesen. Zahlreiche Waldstauden zeichnen sich auch durch ihre hohe Toleranz gegenüber Wurzelkonkurrenz benachbarter Gehölze aus; viele andere Pflanzen würden unter solchen Bedingungen verkümmern.

Frühlingshafte Blütenteppiche

Im Frühjahr, wenn die Böden des Lebensbereichs „Gehölz“ noch ausreichend feucht sind und genügend Licht durch das unbelaubte Kronendach fällt, sind diese Flächen auf ihrem Blüh-Höhepunkt! Die waldartigen Beete besitzen dann einen besonderen Charme: Nach einigen Jahren des Anwachsens überziehen bunte Teppiche sogenannter „Frühlings-Geophyten“ wie z.B. Buschwindröschen den Boden. Später im Jahr, sobald die Gehölze Schatten werfen, sind solche Bereiche oft weniger bunt, strahlen aber eine eigene Ruhe aus, die durch prachtvolle Blattschmuckstauden wie z.B. Funkien betont wird. Als willkommener Hintergrund dienen deren prächtige Blätter weißen oder cremefarbenen Blüten etwa von Japanischer Anemone 'Honorine Jobert' oder Wald-Geißbart, welche das Schattenbeet erstrahlen lassen.

Ein Plätzchen im Schatten

Gehölz-Standorte im Hausgarten: an kaum besonnten Hauswänden oder Mauern, an der schattigen Nordseite von Gebäuden, kleine Flächen beispielsweise unter einem einzelnen Baum oder einigen Sträuchern; sogar sommertrockene Plätze (z.B. unter einem Nadelgehölz) sind möglich.

Gehölz

Modul 7: Waldzauber

Sonnig kann jeder – wo es meist nicht schwerfällt, Buntes und Blühendes für ein Sonnenbeet zu finden, tun sich viele mit Beeten im Schatten schwer. Unser Modul „Waldzauber" zeigt, wie etwa Farne und Blattschmuckstauden eine märchenhafte Waldstimmung hervorrufen.

Für Schattenstandorte gibt es zwar auch ein beachtliches Sortiment an blühenden Pflanzen, doch das Modul 7 wird von Farnen und Funkien (*Hosta*) beherrscht, die durch ihre unterschiedlich geformten Blätter in verschiedenen Grüntönen eine lebendige und reizvolle Struktur schaffen. Dominiert wird das Modul „Waldzauber" auf humosem, feuchtem Boden vom Königsfarn, einer heimischen

Staude, welche nach einigen Jahren wirklich königsgleich im Beet thront. Planen Sie für den mächtig werdenden Farn ausreichend Platz ein und freuen Sie sich jedes Jahr auf das bezaubernde Schauspiel der zarten, sich im Frühling langsam entrollenden Farnwedel! Weitere beeindruckende und anspruchslose Vertreter aus der Gruppe der Farne sind der trichterförmig wachsende Goldschuppenfarn und der bodendeckende heimische Tüpfelfarn.

Funkien trotz Schnecken?

Bei den Funkien haben wir uns für Sorten mit möglichst kräftigem, ledrigen Laub entschieden, da Schattenplätze im Garten leider oft auch beliebte Schneckenquartiere sind. Mit etwas Glück entgehen folgende Sorten dieser Gefahr: die robuste Blaublatt-Funkie 'Halcyon', die niedriger bleibende Weißrand-Funkie 'El Nino' sowie die mit der Zeit zu einem prächtigen Horst heranwachsende Blaue Gelbrand-Funkie 'Frances Williams'.

Gesucht und gefunden: die weißen Blüten des Salomonssiegels und das weißgerandete Laub der Funkie.

Blatt- und Blütenteppiche

Neben dem Tüpfelfarn haben wir weitere Stauden ausgewählt, die mit ihren Blättern grüne Teppiche bilden, auf diese Weise unerwünschte Beikräuter unterdrücken und außerdem mit einer Fülle zarter Blüten bestechen. Dazu zählt die Elfenblume, die als typischer Laubschlucker zudem gut unter Laubbäumen und Sträuchern gedeiht und sich meist sogar im Winter mit glänzenden Blättern schmückt. Auch die Große Sterndolde ist ein Schattenkünstler und ebenfalls gut unter Gehölzen zu verwenden. Sie breitet sich durch Versamung aus – ein robustes Doldengewächs mit Büscheln zarter grünweißer Blütchen, die von einem Kranz sternförmiger, rosaweißer Hüllblätter umgeben sind. Für eine bezaubernde Waldanmutung sorgen zwei heimische Wildstauden: Buschwindröschen und Vielblütiges Salomonssiegel. Einen Hauch Exotik erzeugt der Geaderte Aronstab mit auffällig gemasertem Laub, welches den ganzen Winter über frisch und attraktiv ist, calla-ähnlichen Blüten und roten (giftigen!) Beeren.

Gehölz: Modul 7

Pflanzplan „Waldzauber“

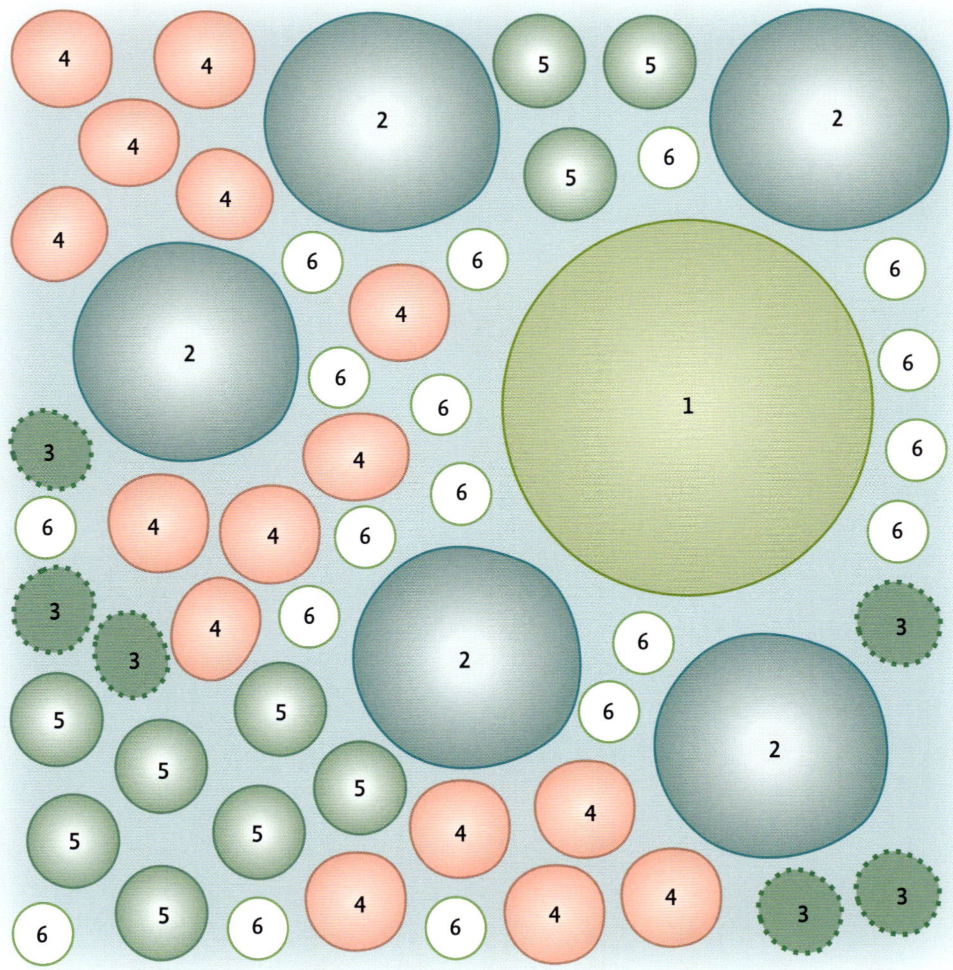

Pflanzen für Modul 7:

		Deutscher Name	Botanischer Name	Blütezeit	Höhe in cm	Stückzahl pro Beet (4 m²)
1		Königsfarn	*Osmunda regalis*	–	100 – 150	1
2		Blaublatt-Funkie	***Hosta*-Hybride** 'Halcyon'	Juli – Aug.	30 – 50	5
3		Tüpfelfarn, Engelsüß	*Polypodium vulgare*	–	20 – 40	6
4		Elfenblume	*Epimedium x rubrum*	April – Mai	20 – 30	15
5		Vielblütiges Salomonssiegel	*Polygonatum multiflorum*	Mai – Juni	40 – 60	10
6		Buschwindröschen	*Anemone nemorosa*	März – April	10 – 15	18

Weitere geeignete Pflanzen für diesen Standort:

	Deutscher Name	Botanischer Name	Blütezeit	Höhe in cm	Stückzahl pro Beet (4 m²)
	Goldschuppenfarn	*Dryopteris borreri* (auch *Dryopteris affinis*)	–	50 – 100	1
	Blaue Gelbrand-Funkie	*Hosta sieboldiana* 'Frances Williams'	Juni – Juli	50 – 80	1
	Geaderter Aronstab	*Arum maculatum* 'Italicum'	April – Juni	20 – 30	3
	Große Sterndolde	*Astrantia major*	Juni – Juli und Sept.	50 – 70	4
	Weißrand-Funkie	***Hosta*-Hybride** 'El Nino'	Juli – Aug.	30 – 50	5

Legende: Hauptdarsteller Nebendarsteller Statisten

Gehölz: Modul 7

Porträts „Waldzauber"

Königsfarn
Osmunda regalis

Boden/Standort: nicht zu kalkhaltig, feucht bis nass; sonnig (wenn ausreichende Bodenfeuchte) bis halbschattig, luftfeucht

Blütenfarbe: -

Blütezeit: -

Höhe: 100 bis 150 cm

Besonderes: heimische Waldpflanze; kann sehr mächtig und alt werden; goldbraune Sporenwedel, sterile Wedel zuerst gelbgrün, später graugrün, leuchtend gelbe Herbstfärbung

Blaublatt-Funkie
Hosta-Hybride 'Halcyon'

Boden/Standort: locker, humos, nährstoffreich, frisch; halbschattig bis schattig

Blütenfarbe: hellviolett

Blütezeit: Juli bis August

Höhe: 40 bis 50 cm

Besonderes: robust und wenig schneckenanfällig, blaugrünes Laub, auch als Kübelpflanze wüchsig, schnittgeeignet

Tüpfelfarn, Engelsüß
Polypodium vulgare

Boden/Standort: durchlässig, humos, eher sauer, frisch bis feucht; halbschattig bis schattig

Blütenfarbe: -

Blütezeit: -

Höhe: 20 bis 40 cm

Besonderes: anpassungsfähiger heimischer Farn, wintergrüner Laub, trockenheitsverträglich; langsame Ausbreitung mittels kriechender Rhizome

Elfenblume

Epimedium x rubrum

Boden/Standort: frisch bis feucht; halbschattig bis schattig

Blütenfarbe: rot mit weiß

Blütezeit: April bis Mai

Höhe: 20 bis 30 cm

Besonderes: wintergrünes Laub, im Austrieb rötlich, im Winter bronzefarben; langsame Ausbreitung über kurze Rhizome, daher auch für kleinere Flächen geeignet

Vielblütiges Salomonssiegel

Polygonatum multiflorum

Boden/Standort: lehmig, humos, frisch; halbschattig bis schattig

Blütenfarbe: weiß mit grünlichen Blütenblattspitzen, grünes Laub, im Herbst dunkelblaue Beeren (giftig!)

Blütezeit: Mai bis Juni

Höhe: 40 bis 60 cm

Besonderes: heimische Wildstaude, Nektarquelle für langrüsselige Hummeln

Buschwindröschen

Anemone nemorosa

Boden/Standort: locker, humos, frisch, auch sommertrocken; halbschattig

Blütenfarbe: weiß

Blütezeit: März bis April

Höhe: 10 bis 15 cm

Besonderes: Vermehrung durch Ausläufer; Laub zieht nach der Blüte ein; gut zum Verwildern geeignet; heimische Waldstaude

Gehölz: Modul 7

Goldschuppenfarn

Dryopteris borreri
(auch *Dryopteris affinis*)

Boden/Standort: frisch bis feucht; leicht sonnig bis schattig: entweder trockener Schattenplatz oder feuchter Sonnenplatz

Blütenfarbe: -

Blütezeit: -

Höhe: 50 bis 100 cm

Besonderes: robust und anpassungsfähig, anfangs langsam wachsend, dann langlebig, goldbräunlicher Austrieb, Blattwedel bilden einen Trichter und werden später dunkelgrün, wintergrün

Blaue Gelbrand-Funkie

Hosta sieboldiana
'Frances Williams'

Boden/Standort: locker, humos, nährstoffreich, frisch; halbschattig bis schattig; bei ausreichend feuchtem Boden auch sonnigerer Standort

Blütenfarbe: hellviolett

Blütezeit: Juni bis Juli

Höhe: 50 bis 80 cm

Besonderes: feste, gerunzelte Blätter, blaugrün mit gelbem Rand; langsam wachsend; wenig schneckenanfällig

Geaderter Aronstab

Arum italicum ssp. *italicum* 'Pictum'

Boden/Standort: warmer, humoser Boden, frisch, gerne im Sommer trocken; halbschattig

Blütenfarbe: weißlich grün; interessanter Blütenstand

Blütezeit: April bis Juni

Höhe: 20 bis 30 cm

Besonderes: dunkelgrüne, lanzenspitzenförmige Blätter mit attraktiver Maserung, Laub auch im Winter zierend, im Sommer einziehend; Ausbreitung über Rhizome; giftig!

Große Sterndolde

Astrantia major

Boden/Standort: frisch bis feucht, nicht zu viel Stickstoff; leicht sonnig bis halbschattig

Blütenfarbe: weiß mit rosa

Blütezeit: Juni bis Juli und September

Höhe: 50 bis 70 cm

Besonderes: Laub handförmig gefingert; Ausbreitung durch Versamung

Weißrand-Funkie

Hosta-Hybride 'El Nino'

Boden/Standort: locker, humos, nährstoffreich, frisch; halbschattig bis schattig

Blütenfarbe: hellviolett

Blütezeit: Juli bis August

Höhe: 30 bis 40 cm

Besonderes: feste Blätter, blaugrün mit weißem Rand; gesund, robust und wenig schneckenanfällig

Modul 8: Eleganz in dunklen Ecken

Insbesondere an mehr oder weniger schattigen und daher eher dunklen Gartenplätzen können Sie durch hell oder weiß blühende Pflanzen erstaunliche Effekte erzielen. Solche Bepflanzungen bringen Licht und Eleganz in vormals dunkle und unattraktive Ecken.

Eine imposante Staude ist die Oktober-Silberkerze, die sich im Frühling Zeit lässt, dafür aber im späten Herbst mit überhängenden, verzweigten Blütenrispen in Weiß erstrahlt. Ihr stellen wir als frühjahrsblühendes Pendant einige Exemplare des Tränenden Herzen zur Seite; in diesem Fall die weiß blühende Sorte 'Alba', die lange blüht und erst spät im Jahr einzieht. Dann übernehmen Nachbarpflanzen wie die Prachtspiere die Aufgabe, die welk werdenden Blätter bzw. die leere Stelle im Beet zu kaschieren. Auch hier haben wir zur „Aufhellung“ des Standorts eine weiß blühende Sorte gewählt. Eine strukturgebende Pflanze, die mit cremefarbenen Blüten ebenfalls das Schattendunkel erhellt, ist das Gestieltblättriges Schaublatt. Die Sorte ‘Rotlaub’ ist mit roßkastanienartigen, im Frühjahr rotbraun austreibenden Blättern (später werden diese grün) besonders prächtig. Zur Entfaltung ihrer ganzen Schönheit braucht sie meist ein paar Jahre – doch die Geduld lohnt sich! Schon innerhalb kurzer Zeit etabliert sich hingegen die Falsche Alraunwurzel im Beet, mit rosettenartigen Polstern wintergrünen Laubs und cremefarbenen, zarten Blütenrispen.

Das Laub des Schaublattes 'Rotlaub' sieht tatsächlich aus wie braunrote Rosskastanienblätter.

Eisenhut und Primelduft

Zu den eleganten weißen Blühern gesellen wir noch die anmutige, weißrosafarben blühende Wiesenraute und den Herbst-Eisenhut, mit straff aufrechten Blütenständen ein idealer Partner zur anmutig überhängenden Silberkerze. Den Frühlingsaspekt bestreitet die Echte Schlüsselblume, die im Lauf der Zeit durch Versamung einen zauberhaften, goldgelb blühenden, zart duftenden Primelteppich bildet! Ab Mai erscheinen dazwischen die Blattquirle der Einbeere mit ihrer sternförmigen Blüte in der Mitte.

Glänzendes Blattwerk

Zwei weitere Pflanzen bereichernd unser Beet mit ihren glänzenden, ledrig wirkenden Blättern: die Haselwurz – eine heimische Waldpflanze, deren immergrünes Laub einen schönen, bodendeckenden Teppich bildet. Ihre unter Blättern versteckten und ungewöhnlich geformten Blüten sind eine interessante Zugabe für den, der genau hinsieht. Unsere zweite Blattpflanze ist der Hirschzungenfarn. Seine ungefiederten Wedel formen trichterförmige „Nester“ in einem sattem Grün und selbst im winterlichen Garten sorgt er für wohltuende Struktur.

Pflanzplan „Eleganz in dunklen Ecken“

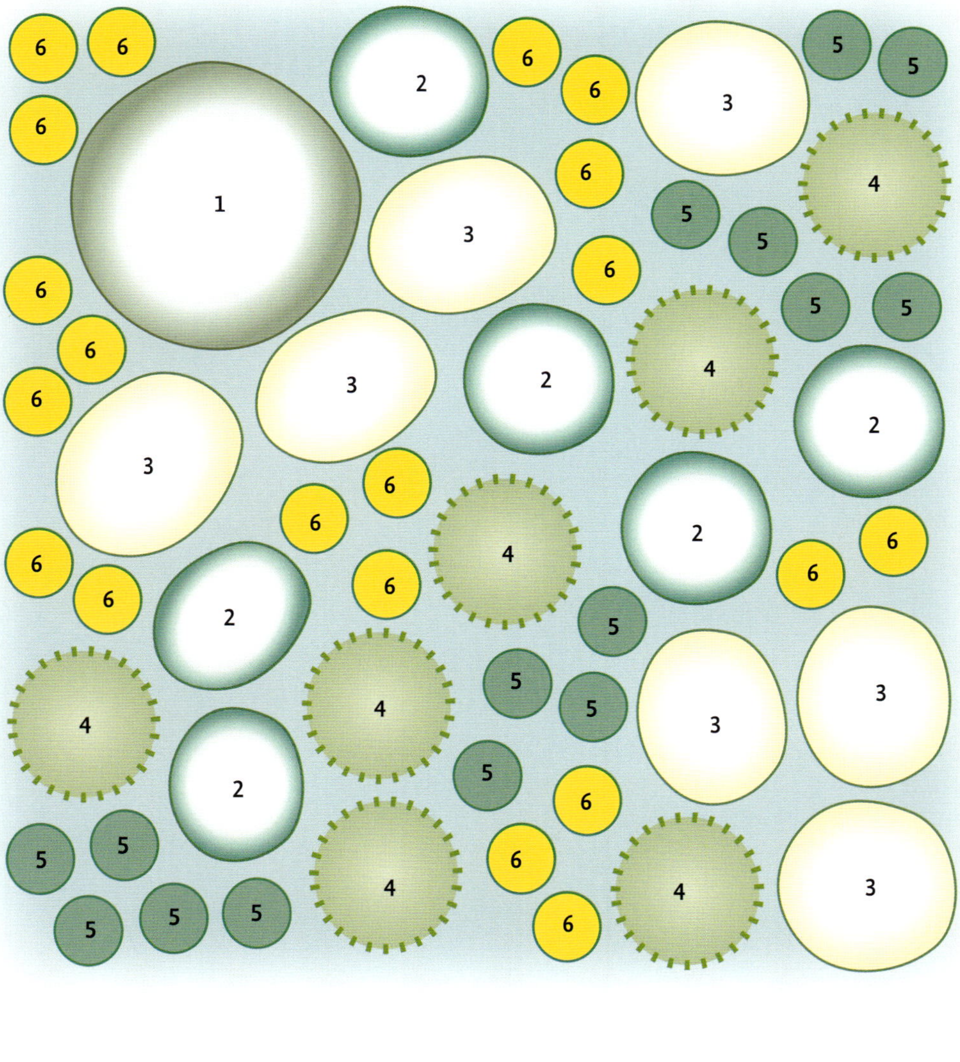

Pflanzen für Modul 8:

		Deutscher Name	Botanischer Name	Blütezeit	Höhe in cm	Stückzahl pro Beet (4 m²)
1		Oktober-Silberkerze	*Cimicifuga simplex* 'White Pearl'	Sept. – Okt.	120 – 150	1
2		Tränendes Herz	*Dicentra spectabilis* 'Alba'	Mai – Juni	40 – 70	6
3		Prachtspiere	*Astilbe Arendsii-Hybride* 'Brautschleier'	Juni – Aug.	60 – 70	7
4		Hirschzungenfarn	*Phyllitis scolopendrium*	–	30 – 60	7
5		Europäische Haselwurz	*Asarum europaeum*	März – April	10 – 15	15
6		Echte Schlüsselblume	*Primula veris*	April – Mai	10 – 20	20

Weitere geeignete Pflanzen für diesen Standort:

	Deutscher Name	Botanischer Name	Blütezeit	Höhe in cm	Stückzahl pro Beet (4 m²)
	Herbst-Eisenhut	*Aconitum carmichaelii* 'Arendsii'	Sept. – Okt.	120 – 140	3
	Prächtige Wiesenraute	*Thalictrum roche-brunianum*	Juli – Aug.	140 – 180	2
	Gestieltblättriges Schaublatt	*Rodgersia podophylla* 'Rotlaub'	Juni – Juli	80	2
	Falsche Alraunwurzel	*Tellima grandiflora*	Mai – Juni	40 – 70	6
	Einbeere	*Paris quadrifolia*	Mai – Juni	10 – 30	16

Legende: Hauptdarsteller Nebendarsteller Statisten

Gehölz: Modul 8

Porträts „Eleganz in dunklen Ecken“

Oktober-Silberkerze

Cimicifuga simplex
'White Pearl'

Boden/Standort: humos, nährstoffreich, frisch bis feucht; leicht sonnig bis halbschattig, bei ausreichender Feuchtigkeit auch sonnigerer Standort

Blütenfarbe: weiß, duftend!

Blütezeit: September bis Oktober

Höhe: 120 bis 150 cm

Besonderes: braucht einige Jahre, bis sie sich etabliert und zu voller Schönheit entfaltet; wertvoller Spätherbstblüher!

Tränendes Herz

Dicentra spectabilis 'Alba'

Boden/Standort: humos, nährstoffreich, frisch; sonnig bis halbschattig

Blütenfarbe: weiß

Blütezeit: Mai bis Juni

Höhe: 40 bis 70 cm

Besonderes: weiße Sorte blüht länger als die Art und das Laub zieht erst später im Jahr ein; giftig!

Prachtspiere

Astilbe Arendsii-Hybride
'Brautschleier'

Boden/Standort: lehmig, humos, frisch; halbschattig, bei ausreichender Bodenfeuchte auch sonnig

Blütenfarbe: weiß

Blütezeit: Juni bis August

Höhe: 60 bis 70 cm

Besonderes: gute Beikraut-Unterdrückung durch buschigen Wuchs

Hirschzungenfarn
Phyllitis scolopendrium

Boden/Standort: kalkhaltig, durchlässig, humos, frisch bis feucht; halbschattig bis schattig

Blütenfarbe: –

Blütezeit: –

Höhe: 30 bis 60 cm

Besonderes: heimischer Waldfarn, aufrechter trichterförmiger Wuchs, ganzrandige, glatte, glänzende, wintergrüne Blätter

Europäische Haselwurz
Asarum europaeum

Boden/Standort: humos, kalkreich, frisch, verträgt aber kurzzeitige Trockenheit; leicht sonnig bis halbschattig

Blütenfarbe: rotbraun (unscheinbar im Laub versteckt)

Blütezeit: März bis April

Höhe: 10 bis 15 cm

Besonderes: langsam wachsender immergrüner Bodendecker; giftig!

Echte Schlüsselblume
Primula veris

Boden/Standort: humos, mager, locker, kalkhaltig, trocken bis frisch; sonnig bis halbschattig

Blütenfarbe: goldgelb, feiner Primelduft!

Blütezeit: April bis Mai

Höhe: 10 bis 20 cm

Besonderes: heimische Wild- und Heilpflanze, versamt sich am geeigneten Standort

Gehölz: Modul 8

Herbst-Eisenhut

Aconitum carmichaelii 'Arendsii'

Boden/Standort: humos bis lehmig, nährstoffreich, frisch bis feucht; sonnig bis halbschattig

Blütenfarbe: kräftiges Blauviolett

Blütezeit: September bis Oktober

Höhe: 120 bis 140 cm

Besonderes: extrem giftig (mit Handschuhen arbeiten!), schneckenfest

Prächtige Wiesenraute

Thalictrum rochebrunianum

Boden/Standort: humos, frisch bis feucht; sonnig bis halbschattig

Blütenfarbe: lilapurpurfarbene lockere Blütenrispen

Blütezeit: Juli bis August

Höhe: 140 bis 180 cm

Besonderes: standfest

Gestieltblättriges Schaublatt

Rodgersia podophylla 'Rotlaub'

Boden/Standort: durchlässig, humos, frisch bis feucht; leicht sonnig bis halbschattig

Blütenfarbe: cremeweiß

Blütezeit: Juni bis Juli

Höhe: 80 cm

Besonderes: rotbrauner, später vergrünender Blattaustrieb; möglichst nicht verpflanzen

Falsche Alraunwurzel

Tellima grandiflora

Boden/Standort: humos, lehmig, frisch; halbschattig bis schattig

Blütenfarbe: grünlich, filigrane Blütenrispen

Blütezeit: Mai bis Juni

Höhe: 40 bis 70 cm

Besonderes: Verbreitung durch Selbstaussaat, robuste Wildstaude, wintergrünes Laub

Einbeere

Paris quadrifolia

Boden/Standort: frisch bis feucht, nährstoffreich, humos; schattig

Blütenfarbe: hellgrün

Blütezeit: Mai bis Juni

Höhe: 10 bis 30 cm

Besonderes: Rhizome können bis zu 15 Jahre alt werden; insbesondere die glänzend schwarzvioletten Beeren sind giftig!

Modul 9: Überlebenskünstler

Während die meisten Gartenplätze im Schatten gleichzeitig auch einen mehr oder weniger feuchten Boden aufweisen, beschreibt unser Modul 9 einen Standort, an dem die Pflanzen nicht nur mit wenig Licht, sondern zudem mit Trockenheit klarkommen müssen.

Bei den ausgewählten Stauden handelt es sich um genügsame Spezialisten, die dieser Herausforderung gewachsen sind. Trotzdem brauchen sie anfangs etwas Unterstützung, bis sie sich an diesem schwierigen Standort etabliert haben. Gießen Sie sie nach der Pflanzung auf jeden Fall regelmäßig, bis sie angewurzelt sind. Dann können Sie den Überlebenskünstlern alles Weitere überlassen. Ein solcher ist z.B. die Weiße Wald-Aster, die sogar dem Wurzeldruck umgebender Gehölze standhält und unbeirrt bis in den Herbst hinein üppige Wolken weißer Blütensternchen bildet. Einen schönen Kontrast zur feinlaubigen Aster gibt die Bergenie mit ihren großen, eiförmigen Blättern ab, die auch im Winter das Beet zieren. Ihre im April/Mai über das Laub hinausragenden, kräftig violettroten Blüten sind eine Attraktion. Kräftige, buschige Horste bildet hingegen der Nesselkönig, ein Verwandter der wild wachsenden Taubnesseln. Mit aufrechtem Wuchs und riesigen, rötlich braunen Lippenblüten thront er königsgleich im Beet.

Bergenie und Ungarwurz sind zuverlässig bodendeckend und bilden im Frühling bunte Blütenteppiche.

Robuste Bodendecker

Von besonderer Bedeutung sind an einem solchen Standort bodendeckende Pflanzen. Sobald sie einmal Fuß gefasst haben und gut angewachsen sind, bilden sie Polster oder Teppiche, die eine weitere Austrocknung des Bodens verhindern. Das kommt dann auch den Nachbarpflanzen zugute. Zu solch unverwüstlichen Bodendeckern, die es mit schattig trockenen Bedingungen aufnehmen, zählt ebenfalls die zuvor genannte Bergenie, außerdem Gelber Lerchensporn, Waldmeister, Balkan-Storchschnabel, Steinsame, Zwerg-Waldspiere und Ungarwurz.

Heimische Pflanzenschätze

Eine heimische Waldpflanze, die ebenso mit wenig Licht und Wasser zurechtkommt, ist die Nesselblättrige Glockenblume. Ihre blauen Glockenblüten verbreiten eine märchenhafte Waldstimmung; mit den Jahren wandert sie durch Versamung im Beet umher. Ebenfalls heimisch ist die Nieswurz, eine wild wachsende Verwandte unserer Christrosen. Den ganzen Winter über macht sie mit aufrechten Wuchs und immergrünen, handförmig gefächerten Blättern eine gute Figur, bis sich dann bereits ab Februar grüne Blüten zeigen.

Gehölz: Modul 9

Pflanzplan „Überlebenskünstler"

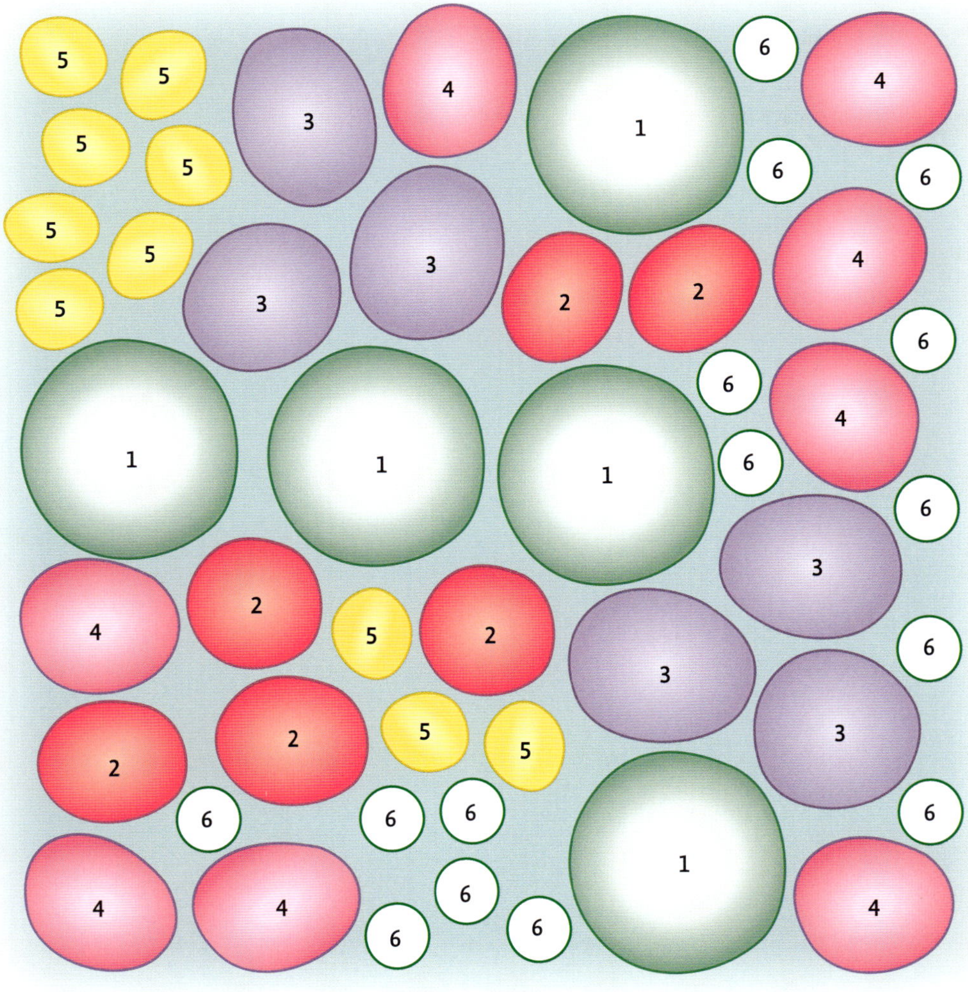

Pflanzen für Modul 9:

Nr.	Bild	Deutscher Name	Botanischer Name	Blütezeit	Höhe in cm	Stückzahl pro Beet (4 m^2)
1		Weiße Wald-Aster	*Aster divaricatus*	Aug. – Sept.	40 – 70	5
2		Bergenie	*Bergenia*-Hybride 'Eroica'	Mai – Juni	20 – 40	6
3		Nesselblättrige Glockenblume	*Campanula trachelium*	Juni – Juli	80 – 100	6
4		Balkan-Storchschnabel	*Geranium macrorrhizum* 'Czakor'	Mai – Juli	25 – 35	8
5		Gelber Lerchensporn	*Corydalis lutea*	Mai – Okt.	20 – 25	10
6		Echter Waldmeister	*Galium odoratum*	Mai	20 – 25	15

Weitere geeignete Pflanzen für diesen Standort:

Bild	Deutscher Name	Botanischer Name	Blütezeit	Höhe in cm	Stückzahl pro Beet (4 m^2)
	Nesselkönig	*Lamium orvala*	Mai – Juni	40 – 60	2
	Nieswurz	*Helleborus foetidus*	Febr.–April	30 – 50	4
	Zwerg-Waldspiere	*Astilbe chinensis* var. *pu-mila*	Aug. – Sept.	20 – 30	8
	Teppich-Ungarwurz, Teppich-Golderdbeere	*Waldsteinia ternata*	April–Juni	10	11
	Steinsame	*Lithospermum purpuro-caeruleum*	Mai – Juni	30	4

Legende: Hauptdarsteller Nebendarsteller Statisten

Gehölz: Modul 9

Porträts „Überlebenskünstler"

Weiße Wald-Aster
Aster divaricatus

Boden/Standort: durchlässig, humos, trocken bis frisch, trockenheits- und schattenverträglich; sonnig bis halbschattig

Blütenfarbe: weiß

Blütezeit: August bis September

Höhe: 40 bis 70 cm

Besonderes: verträgt Wurzeldruck umgebender Gehölze

Bergenie
Bergenia-Hybride 'Eroica'

Boden/Standort: durchlässig, frisch; sonnig bis halbschattig

Blütenfarbe: violettrot

Blütezeit: Mai bis Juni

Höhe: 20 bis 40 cm

Besonderes: robust und anspruchslos, glänzendes immergrünes Laub, im Winter rötlich; bei extrem schattigem Standort fällt die Blüte nicht ganz so üppig aus; langsame Ausbreitung über kriechenden Wurzelstock

Nesselblättrige Glockenblume
Campanula trachelium

Boden/Standort: durchlässig, trocken bis frisch; sonnig bis halbschattig

Blütenfarbe: blauviolett

Blütezeit: Juni bis Juli

Höhe: 80 bis 100 cm

Besonderes: Ausbreitung durch Versamung; blüht im tiefen Schatten weniger und ist dort auch etwas weniger standfest

Balkan-Storchschnabel
Geranium macrorrhizum 'Czakor'

Boden/Standort: trocken, durchlässig, keine Staunässe; sonnig bis (halb-)schattig

Blütenfarbe: kräftig purpurrosafarben

Blütezeit: Mai bis Juli

Höhe: 25 bis 35 cm

Besonderes: wintergrünes, aromatisch duftendes Laub, ausgesprochen trockenheitsverträglich

Gelber Lerchensporn
Corydalis lutea

Boden/Standort: durchlässige Böden, aber auch Mauerritzen und Fugen, trocken bis feucht; sonnig bis halbschattig

Blütenfarbe: dunkelgelb

Blütezeit: Mai bis Oktober

Höhe: 20 bis 35 cm

Besonderes: bienenfreundlicher Dauerblüher

Echter Waldmeister
Galium odoratum

Boden/Standort: locker, humos, lehmig, frisch, einmal etabliert, wird auch Trockenheit vertragen; sonnig bis (halb-)schattig

Blütenfarbe: weiß

Blütezeit: Mai

Höhe: 20 bis 25 cm

Besonderes: heimische Wildpflanze, bildet mithilfe kriechender Ausläufer lockere Teppiche

Gehölz: Modul 9

Nesselkönig
Lamium orvala

Boden/Standort: locker, trocken bis frisch; halbschattig bis schattig

Blütenfarbe: rotbraun

Blütezeit: Mai bis Juni

Höhe: 40 bis 60 cm

Besonderes: unempfindlich gegenüber Wurzeldruck von Gehölzen; bildet buschig aufrechte Horste; langlebig und anspruchslos

Nieswurz
Helleborus foetidus

Boden/Standort: mager, kalkhaltig, trocken bis frisch; sonnig bis halbschattig

Blütenfarbe: gelbgrün mit kleinem roten Rand

Blütezeit: Februar bis April

Höhe: 30 bis 50 cm

Besonderes: immergrün, glänzendes Laub; möglichst nicht verpflanzen; verbreitet sich am passenden Standort durch Versamung; giftig!

Zwerg-Waldspiere

Astilbe chinensis var. *pumila*

Boden/Standort: humos, lehmig, frisch, aber relativ sonnen- und trockenheitstolerant; halbschattig bis (leicht) sonnig

Blütenfarbe: violettrosa

Blütezeit: August bis September

Höhe: 20 bis 30 cm

Besonderes: Ausläufer bildender Bodendecker, orangebraunes Herbstlaub

Teppich-Ungarwurz, Teppich-Golderdbeere

Waldsteinia ternata

Boden/Standort: sandig, lehmig, humos, trocken bis frisch; halbschattig bis schattig

Blütenfarbe: gelb

Blütezeit: April bis Juni

Höhe: 10 cm

Besonderes: wintergrünes Laub; bildet mithilfe oberirdischer Ausläufer dichte Teppiche, anspruchslos, robust, konkurrenzstark

Steinsame

Lithospermum purpurocaeruleum

Boden/Standort: trocken; sonnig bis halbschattig

Blütenfarbe: purpurblau

Blütezeit: Mai bis Juni

Höhe: 30 cm

Besonderes: robust, konkurrenzstark, verträgt Trockenheit und Wurzeldruck umgebender Gehölze, starke Ausbreitung durch oberirdische Ausläufer, daher vorsichtig verwenden!

Gehölzrand: Spiel mit Licht und Schatten

Der Gehölzrand bildet den Übergang zwischen Freifläche und Gehölz. Er ist in der Natur häufig am Rand von Wäldern oder Hecken zu finden, wo wechselnde Lichtverhältnisse herrschen und der Boden humos sowie mehr oder weniger nährstoffreich ist.

Solche Übergangsbereiche gibt es im Hausgarten häufig: An der windgeschützten Gebäude-Ostseite mit Morgensonne, auf der wind- und wetterausgesetzten Haus-Westseite mit Nachmittagssonne, im allseitigen Schatten von Mauern, Sichtschutzwänden oder Hecken, wie z.B. in Reihenhausgärten. Andererseits kann es auch ohne direkte Sonneneinstrahlung hell sein, etwa in städtischen Innenhöfen, deren helle Mauern das Sonnenlicht reflektieren.

Vom Problemstandort zum Gartenschätzchen

Leider fristen diese Plätze oft ein Schattendasein – im wahrsten Sinne des Wortes. Dabei können zahlreiche Stauden des Lebensbereichs „Gehölzrand" diese Standorte beleben und verschönern. Wird Ihr ausgewählter Gartenplatz im Tagesverlauf für bis zu vier Stunden besonnt und liegt ansonsten mehr oder weniger im Schatten, ist er in jedem Fall für „Gehölzrand"-Stauden geeignet. Insbesondere die hohe Schattentoleranz der entsprechenden Pflanzen wird oft verkannt, gleichzeitig tolerieren sie zeitweise sogar pralle Sonne und halten auch kurze Bodentrockenheit aus. Ein weiterer Pluspunkt ist ihre ausgesprochen gute Unkrautunterdrückung, sobald sie sich erst einmal etabliert haben. Bei aller Schattenverträglichkeit können sie auch einiges an Sonne ab: Morgensonne wird dabei meist besser vertragen als Nachmittagssonne, da die vormittags noch vorherrschende hohe Luftfeuchte einen Teil der Hitze kompensiert und auch die Sonnenintensität um diese Tageszeit noch geringer ist.

Beet im Wandel In älteren Gärten, wo Bäume und Sträucher schon ein paar Jahre Zeit zum Wachsen hatten, wird es für die ursprünglich gesetzten Pflanzen oft zu schattig. Sehen Sie diesen nicht länger beim Verkümmern zu – machen Sie sich mit Stauden des „Gehölzrandes" an die Umgestaltung!

Gehölzrand

Modul 10: Blatt- & Blütenbunt

Ein geeigneter Platz für dieses Modul ist beispielsweise eine halbschattige Gartenecke mit Morgensonne oder ein Beet auf der Ostseite eines Gebäudes. Attraktive Blüher sorgen für Buntes und dazwischen Hosta, Farn und Gras für Farbe und Struktur.

Die Pfingstrose ist zwar keine typische Pflanze für einen Halbschattenstandort, doch haben wir mit der Sorte 'Festiva Maxima' in einem ebensolchen Beet beste Erfahrungen gemacht und wollten ihre weißen gefüllten Blütenbälle im Frühling dort nicht missen. Einen zweiten Blütenhöhepunkt liefert im Herbst die Japanische Anemone. Zu Füßen von Pfingstrose und Anemone setzen wir Geflecktes Lungenkraut und Nelkenwurz in lockeren Gruppen, die den Boden auf Schönste zwischen den höher werdenden Stauden bedecken.

Blütenreichtum in Bodennähe

Das Lungenkraut beginnt im März zu blühen und erfreut das ganze Frühjahr über mit einer Blütenfülle zwischen Rosa und Blauviolett, die eine nahezu magische Anziehung auf Bienen und vor allem Hummeln ausübt. Ist es verblüht, bekommt die orangegelb blühende Nelkenwurz ihren Auftritt. Ebenso überziehen Balkan-Storchschnabel und Purpurglöckchen den Boden mit ihren Polstern; der Storchschnabel mit intensiv purpurrosafarbenen Blüten, das Purpurglöckchen mit kräftig rotem Laub. Die Sorte 'Purple Petticoats' ist besonders wüchsig und langlebig – Letzteres ist bei Purpurglöckchen nicht immer der Fall – und macht insbesondere im zeitigen Frühjahr schon eine gute Figur. Leuchtende Akzente setzt im Frühling die Triumph-Tulpe 'Oskar' in einem ausdauernden Rot; im Frühsommer die Wald-Glockenblume mit blauvioletten Glocken.

Ein ungewöhnliches und apartes Paar: rotlaubiges Purpurglöckchen und rostfarbener Rotschleierfarn.

Buntes Blattwerk

Doch sind wir bei diesem Modul in puncto Farbe nicht nur auf Blüten angewiesen – wir verwenden zudem Blattschmuckstauden in auffälligen und leuchtenden Tönen, sodass das Beet auch in einer eher blütenarmen Phase nach wie vor ein Hingucker ist. Ähnlich wie die weißen Blüten im Modul 8 einen schattigen Standort aufhellen, übernehmen diese Aufgabe hier im Halbschatten Goldrand-Segge und Große Goldrand-Funkie mit ihren leuchtend gelbgrün geränderten Blättern. Die feinen, überhängenden Halme der wintergrünen Segge umschmeicheln die umgebenden Pflanzen aufs Schönste. Majestätisch thront hingegen die Funkie im Beet. Reizvollen Kontrast zu den großen herzförmigen Blättern der Hosta und den leuchtenden Halmen der Segge bietet der Rotschleierfarn. Seine Besonderheit ist der bronzefarbene Austrieb der fein gefiederten Blätter im Frühling.

Pflanzplan „Blatt- & Blütenbunt"

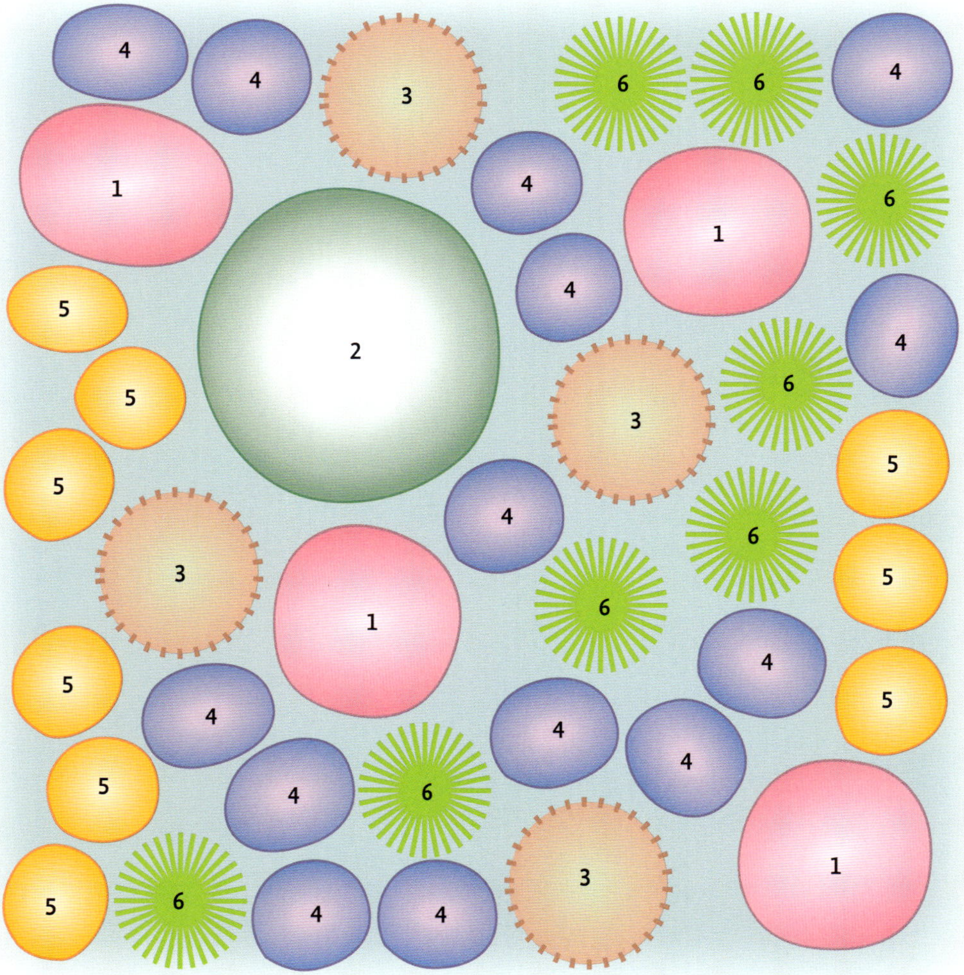

Pflanzen für Modul 10:

		Deutscher Name	Botanischer Name	Blütezeit	Höhe in cm	Stückzahl pro Beet (4 m^2)
1		Japanische Anemone, Herbst-Anemone	*Anemone Japonica-*Hybride 'Rosenschale'	Sept. – Okt.	70 – 100	4
2		Edel-Pfingstrose	*Paeonia lactiflora* 'Festiva Maxima'	Mai – Juni	90 – 110	1
3		Rotschleierfarn	*Dryopteris erythrosora*	–	20 – 50	4
4		Geflecktes Lungenkraut	*Pulmonaria officinalis* 'Wuppertal'	März – Mai	25 – 35	14
5		Nelkenwurz	*Geum x heldreichii* 'Georgenberg'	Mai – Juli	20 –	9
6		Goldrand-Segge	*Carex dolichostachya* 'Gold Fountains'	Mai – Juni	30 – 50	8

Weitere geeignete Pflanzen für diesen Standort:

	Deutscher Name	Botanischer Name	Blütezeit	Höhe in cm	Stückzahl pro Beet (4 m^2)
	Wald-Glockenblume	*Campanula latifolia* var. *macrantha*	Juni – Juli	80 – 100	4
	Große Goldrand-Funkie	*Hosta*-Hybride 'Sagae'	Juni – Juli	45 – 75	4
	Purpurglöckchen	*Heuchera*-Hybride 'Purple Petticoats'	Juni – Juli	20 – 50	4
	Balkan-Storchschnabel	*Geranium macrorrhizum* 'Czakor'	Mai – Juli	20 – 40	8
	Triumph-Tulpe	*Tulipa*-Hybride 'Oskar'	April	40	16

Legende: Hauptdarsteller Nebendarsteller Statisten

Gehölzrand: Modul 10

Porträts „Blatt- & Blütenbunt“

Japanische Anemone, Herbst-Anemone

Anemone Japonica-Hybride
'Rosenschale'

Boden/Standort: durchlässig, humos, frisch; halbschattig bis sonnig

Blütenfarbe: dunkelrosa

Blütezeit: September bis Oktober

Höhe: 70 bis 100 cm

Besonderes: großblütige Sorte, relativ schneckentolerant, Frühjahrspflanzung empfehlenswert

Edel-Pfingstrose

Paeonia lactiflora
'Festiva Maxima'

Boden/Standort: humos, nährstoffreich, frisch; sonnig (im Halbschatten nicht ganz so reichblühend)

Blütenfarbe: weiß mit wenigen roten Flecken, duftend!

Blütezeit: Mai bis Juni

Höhe: 90 bis 110 cm

Besonderes: vital, langlebig

Rotschleierfarn

Dryopteris erythrosora

Boden/Standort: humos, frisch; leicht sonnig bis halbschattig

Blütenfarbe: –

Blütezeit: –

Höhe: 25 bis 50 cm

Besonderes: wintergrün, bronzeroter Austrieb, später glänzendgrünes Laub, robust mit ausladendem Wuchs

Geflecktes Lungenkraut

Pulmonaria officinalis
'Wuppertal'

Boden/Standort: locker, frisch bis feucht; leicht sonnig bis halbschattig

Blütenfarbe: blauviolett

Blütezeit: März bis Mai

Höhe: 25 bis 35 cm

Besonderes: robust und wüchsig, grünes Laub mit hellen Flecken, reichblütig und insektenfreundlich!

Nelkenwurz

Geum x heldreichii
'Georgenberg'

Boden/Standort: locker, humos, frisch (keinesfalls zu trocken!), leicht sonnig bis halbschattig

Blütenfarbe: orangegelb

Blütezeit: Mai bis Juli

Höhe: 20 bis 30 cm

Besonderes: wintergrün, robust: bienenfreundlich!

Goldrand-Segge

Carex dolichostachya
'Gold Fountains'

Boden/Standort: humos, locker, frisch; sonnig bis halbschattig

Blütenfarbe: bräunlich

Blütezeit: Mai bis Juni

Höhe: 30 bis 50 cm

Besonderes: attraktives gelbgrünes Laub, wintergrün, horstbildende Wuchsform

Gehölzrand: Modul 10

Wald-Glockenblume

Campanula latifolia var. *macrantha*

Boden/Standort: locker, humos, frisch; halbschattig bis sonnig, bei sonnigem Standort auf ausreichende Bodenfeuchte achten, zieht ansonsten bei Trockenheit im Sommer vorzeitig ein

Blütenfarbe: dunkelviolett

Blütezeit: Juni bis Juli

Höhe: 80 bis 100 cm

Besonderes: heimische Wildart, wüchsig, verträgt Wurzeldruck umgebender Gehölze

Große Goldrand-Funkie

Hosta-Hybride 'Sagae'

Boden/Standort: humos, locker, nährstoffreich, frisch; halbschattig bis schattig

Blütenfarbe: lavendelfarben

Blütezeit: Juni bis Juli

Höhe: 45 bis 75 cm

Besonderes: blaugraues Laub mit gelbem Rand, Blätter dick und fest, daher ziemlich schneckentolerant; braucht ein paar Jahre zur Entfaltung ihrer vollen Schönheit

Purpurglöckchen

Heuchera-Hybride
'Purple Petticoats'

Boden/Standort: locker, durchlässig, frisch, nicht zu trocken; halbschattig bis sonnig

Blütenfarbe: weiß

Blütezeit: Juni bis Juli

Höhe: 20 bis 50 cm

Besonderes: Laub purpur bis violett; wüchsig, standfest und reichblühend, wintergrün

Balkan-Storchschnabel

Geranium macrorrhizum
'Czakor'

Boden/Standort: trockener, lockerer, nicht zu nährstoffreicher Boden, sonnig bis halbschattig

Blütenfarbe: purpurrosa

Blütezeit: Mai bis Juli

Höhe: 20 bis 40 cm

Besonderes: starkwüchsig, Laub wintergrün mit aprikosengelber Herbstfärbung

Triumph-Tulpe

Tulipa-Hybride 'Oskar'

Boden/Standort: sandig lehmig, nährstoffreich, (mäßig) trocken bis frisch; sonnig bis halbschattig

Blütenfarbe: kardinalrot

Blütezeit: April

Höhe: 40 cm

Besonderes: langlebig

Gehölzrand

Modul 11: Wind & Wetter

Für Modul 11 haben wir eine Pflanzenkombination für Sie zusammengestellt, die nicht nur gut an einen halbschattigen Standort passt, sondern sich außerdem speziell für eine Wetterseite, beispielsweise an der Westseite von Gebäuden, eignet.

Ein toller Hingucker ist der Geißbart 'Horatio'. Etwas niedriger als der Wald-Geißbart wächst er deutlich kompakter. Vom rötlich hellgrünen Austrieb im Frühjahr bis zu den attraktiven Samenständen im Herbst ist er eine stattliche Erscheinung, die im Laufe der Jahre einen immer größeren Horst bildet. Als Partner gefällt uns der Großblatt-Phlox 'Minnehaha' – er beweist, dass es auch

Phlox für Halbschatten gibt. Die robuste Sorte verträgt außerdem auch Hitze, Trockenheit und Wurzeldruck von Gehölzen. Ein hervorragender Nachbar für den Phlox ist der Wald-Storchschnabel: Seine violettblauen Blüten harmonieren bestens mit den kräftig rosafarbenen des Phlox und im Laufe der Zeit bildet er bodendeckende Bestände.

Zauberhafte Lenzrosen-Vielfalt

Für anmutige Blütenschalen von Februar bis April/Mai pflanzen wir Lenzrosen – welch langanhaltende Pracht! Die robusten Helleborus Orientalis-Hybriden versamen sich gerne, was zu immer neuen, überraschenden Blütenfarben und -zeichnungen führt. Dazwischen zaubern zartgelbe Wald-Schlüsselblumen wundervolle Frühlingsimpressionen. Die Rotlaubige Mandel-Wolfsmilch macht selbst im winterlichen Garten eine gute Figur und ihre Blüte in einem leuchtenden, fast schon neonfarbigen Gelbgrün, die ab April erscheint, ist einfach atemberaubend!

Eine ausgesprochen attraktive Blattschmuckstaude ist das Kaukasusvergissmeinnicht 'Jack Frost'.

Ein Gras für (fast) alle Fälle

Nahezu unverwüstlich ist das Berg-Reitgras, das mit unterschiedlichen Gartenplätzen klarkommt. Feucht oder eher trocken, sonnig oder eher halbschattig – der hübsche, anpassungsfähige „Allrounder" setzt mit seinen lockeren, strukturbildenden Horsten attraktive Akzente. Im Vordergrund platzieren wir kleine Gruppen von Frauenmantel und Kaukasusvergissmeinnicht. Das Vergissmeinnicht 'Jack Frost' ist sowohl während der Blütezeit als auch danach ein zauberhafter Blickfang und bildet mit seinen silberweißen, grün geaderten Blättern schöne Teppiche. Ist es verblüht, folgen die duftigen, gelbgrünen Blütenwolken des Frauenmantels. Ein kräftiger Rückschnitt nach der Blüte sorgt bei dieser Pflanze dafür, dass sich die etwas unordentlich lagernden Stauden in kurzer Zeit wieder in kompakte, aufgeräumt aussehende Blatt-Kuppeln verwandeln. Einige Lücken füllen wir mit Maiglöckchen, die sich mittels Ausläufern nach und nach ausbreiten.

Gehölzrand: Modul 11

Pflanzplan „Wind & Wetter"

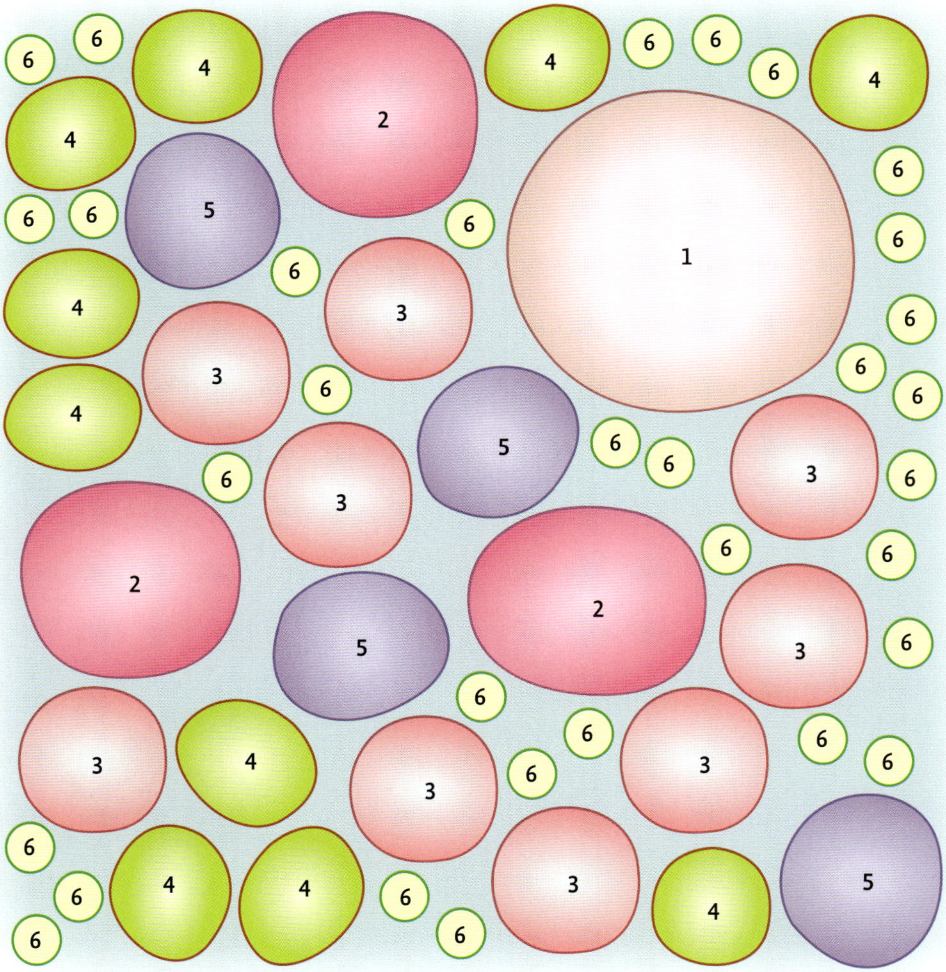

Pflanzen für Modul 11:

		Deutscher Name	Botanischer Name	Blütezeit	Höhe in cm	Stückzahl pro Beet (4 m²)
1		Geißbart	***Aruncus dioicus*** 'Horatio'	Juni – Juli	100 – 150	1
2		Großblatt-Phlox	***Phlox amplifolia*** 'Minnehaha'	Juni – Sept.	60 – 70	3
3		Lenzrose	***Helleborus orientalis***	Febr. – Mai	30 – 40	9
4		Rotlaubige Mandel-Wolfsmilch	***Euphorbia amygdaloides*** 'Purpurea'	April – Juni	30 – 40	10
5		Wald-Storchschnabel	***Geranium sylvaticum***	Mai – Juni und Sept.	50 – 60	4
6		Wald-Schlüsselblume	***Primula elatior***	März – April	10 – 20	32

Weitere geeignete Pflanzen für diesen Standort:

	Deutscher Name	Botanischer Name	Blütezeit	Höhe in cm	Stückzahl pro Beet (4 m²)
	Berg-Reitgras	***Calamagrostis varia***	Juli – Sept.	80 – 100	1
	Silberlaubiges Kaukasusvergissmeinnicht	***Brunnera macrophylla*** 'Jack Frost'	April – Juni	30 – 40	8
	Frauenmantel	***Alchemilla mollis***	Juni – Juli	30 – 50	6
	Maiglöckchen	***Convallaria majalis***	Mai – Juni	20 – 25	16

Legende: Hauptdarsteller Nebendarsteller Statisten

Gehölzrand: Modul 11

Porträts „Wind & Wetter"

Geißbart
Aruncus dioicus 'Horatio'

Boden/Standort: frisch, humos; sonnig bis halbschattig

Blütenfarbe: weiß

Blütezeit: Juni bis Juli

Höhe: 100 bis 150 cm

Besonderes: starkwüchsig, wintergrün (aprikosengelbe Herbstfärbung); schneckentolerant; bienenfreundlich!

Großblatt-Phlox
Phlox amplifolia 'Minnehaha'

Boden/Standort: durchlässig, tiefgründig, humos, lehmig, frisch bis feucht; sonnig bis halbschattig

Blütenfarbe: hell violettrosafarben mit dunklem Auge

Blütezeit: Juni bis September

Höhe: 60 bis 70 cm

Besonderes: ausgesprochen robust und gesund; langsame Ausbreitung mittels kurzer Ausläufer

Lenzrose
Helleborus orientalis

Boden/Standort: durchlässig, humos, lehmig, frisch; sonnig bis halbschattig

Blütenfarbe: Variationen von weiß, weißgrün, gelblich, rosa, dunkelrot

Blütezeit: Februar bis Mai

Höhe: 30 bis 40 cm

Besonderes: wintergrün; evtl. Laub vor der Blüte entfernen, um Blattfleckenkrankeit vorzubeugen; Ausbreitung durch Versamung; robust, langlebig

Rotlaubige Mandel-Wolfsmilch

Euphorbia amygdaloides 'Purpurea'

Boden/Standort: trocken bis frisch, halbschattig bis sonnig (keine intensive Wintersonne!)

Blütenfarbe: gelbgrün

Blütezeit: April bis Juni

Höhe: 30 bis 40 cm

Besonderes: wintergrün, rotes Laub und rote Stängel, versamt sich bei zusagendem Standort; Hautkontakt mit wolfsmilchtypischem Milchsaft vermeiden

Wald-Storchschnabel

Geranium sylvaticum

Boden/Standort: nährstoffreich, frisch; leicht sonnig bis halbschattig (schattig)

Blütenfarbe: violettblau mit weißem Auge

Blütezeit: Mai bis Juni und September (2. Blüte üppiger nach Rückschnitt)

Höhe: 50 bis 60 cm

Besonderes: versamt sich am passenden Standort

Wald-Schlüsselblume

Primula elatior

Boden/Standort: humos, locker, lehmig, frisch bis feucht; halbschattig bis sonnig

Blütenfarbe: hellgelb

Blütezeit: März bis April

Höhe: 10 bis 20 cm

Besonderes: heimische Waldstaude; Ausbreitung durch Versamung; feiner, zarter Duft!

Gehölzrand: Modul 11

Berg-Reitgras
Calamagrostis varia

Boden/Standort: trocken bis frisch, äußerst anpassungsfähig; sonnig bis halbschattig

Blütenfarbe: gelbgrün; abgeblühte Blütenstände bis in den Winter hinein attraktiv

Blütezeit: Juli bis September

Höhe: 80 bis 100 cm

Besonderes: ausgesprochen genügsam und robust, unempfindlich gegenüber Wurzeldruck umgebender Gehölze; wächst horstig; Rückschnitt nach der Blüte, wenn Versamung unerwünscht

Silberlaubiges Kaukasusvergissmeinnicht
Brunnera macrophylla 'Jack Frost'

Boden/Standort: frisch, lehmig humos; leicht sonnig bis halbschattig

Blütenfarbe: hellblau

Blütezeit: April bis Juni

Höhe: 30 bis 40 cm

Besonderes: attraktive Blattschmuckstaude durch herzförmiges, silberweiß gezeichnetes Laub

Frauenmantel

Alchemilla mollis

Boden/Standort: frisch bis feucht; leicht sonnig bis sonnig

Blütenfarbe: gelbgrün

Blütezeit: Juni bis Juli

Höhe: 30 bis 50 cm

Besonderes: robust, Rückschnitt nach der Blüte empfehlenswert, um kompakte Form zu erhalten

Maiglöckchen

Convallaria majalis

Boden/Standort: humos, frisch; leicht sonnig bis halbschattig

Blütenfarbe: weiß

Blütezeit: Mai bis Juni

Höhe: 20 bis 25 cm

Besonderes: anspruchslose heimische Waldstaude; ausläufertreibend, giftig!, wunderbarer Duft!

Staudenpflege leicht gemacht

Das kleine Einmaleins der Staudenpflege gibt Ihnen auch bei weitgehend pflegeleichten Pflanzenkombinationen ein paar Tipps und Tricks für langwährende Staudenpracht und anhaltende Gärtnerfreude an die Hand.

Stauden richtig pflanzen

Ziehen neue Stauden ins Beet ein, müssen nur ein paar einfache Grundregeln befolgt werden – und schon steht einem erfolgreichen Start in eine blatt- und blütenreiche Gartensaison nichts mehr im Wege.

Wird ein komplettes Staudenbeet neu angelegt, befreien Sie die Fläche vorab von Unkraut bzw. tragen die Grasnarbe ab. Graben Sie dann das Beet spatentief um, zerkleinern Sie grobe Erdschollen und glätten alles mit einem Rechen. Praktisch ist, den Umriss des späteren Beetes mit Schnüren oder aufgestreuten Sandlinien zu markieren. Je nach Standort bereiten Sie den Boden entsprechend auf: Für Waldrand- und Beetstauden organischen Dünger wie z.B. Kompost einarbeiten. Mischen Sie für Trockenstauden gegebenenfalls Sand oder Kies locker unter und glätten Sie die Fläche anschließend wieder. Nun werden zuerst die Pflanzen ausgelegt. Das bedeutet, dass jede Pflanze mitsamt ihrem Topf an die Stelle im Beet gestellt wird, an der sie später wachsen soll. Beginnen Sie mit den „Hauptdarstellern“ (Leitstauden) und lassen Sie nach und nach die anderen Pflanzen folgen. Betrachten Sie Ihr Werk und nehmen Sie falls nötig Korrekturen vor.

Hat alles den passenden Platz?

Haben insbesondere die Leitstauden ausreichend Platz? Sind kleinere Stauden in Gruppen angeordnet? Als Faustregel gilt: Halb so viel Abstand zur nächsten Pflanze wie die eingesetzte Staude im ausgewachsenen Zustand hoch wird. Sind Sie sich bezüglich der letztendlichen Höhe einer Pflanze nicht sicher, orientieren Sie sich an den Angaben auf dem Etikett. Der Vorteil dieser Methode liegt in der einfachen Korrigierbarkeit, ohne dass die Pflanzen mehrmals in die Erde gesetzt und wieder herausgenommen werden müssen. Ist alles zu Ihrer Zufriedenheit ausgestellt, können Sie mit dem Einpflanzen beginnen. Streifen Sie die Töpfe von den Wurzelballen der Pflanzen ab und lockern, insbesondere wenn die Töpfe schon stark durchwurzelt waren, die Erde um den Ballen herum ein wenig auf, das erleichtert das Anwurzeln. Falls die Wurzelballen sehr trocken sind, tauchen Sie sie vor dem Einpflanzen in einen Eimer mit Wasser, bis sie sich gut vollgesaugt haben. Mit einer Handschaufel heben Sie nun die Pflanzlöcher so aus, dass die Ballen der Pflanzen locker hineinpassen; bei schwerem Boden darf auch gerne etwas mehr Erde drumherum aufgelockert werden. Die Stauden nun so tief einsetzen, wie sie zuvor auch im Topf saßen, Erde nachfüllen und gut andrücken. Pfingstrosen und Bart-Iris keinesfalls zu tief eingraben: Bei den Paeonien sollen die „Augen" (Triebknospen am Wurzelstock) maximal 2–3 cm mit Erde bedeckt werden; bei den Iris darf die Oberseite der verdickten Wurzeln (Rhizome) etwas aus dem Boden schauen. Nach dem Einsetzen kräftig angießen. Auch trockenheitsresistente Pflanzen an den entsprechenden Gartenplätzen müssen direkt nach der Pflanzung sowieso und auch im folgenden Jahr regelmäßig gegossen werden, bis sie gut angewurzelt sind und sich am Standort etabliert haben. Dann kommen sie auch ohne zusätzliche Bewässerung aus.

Der optimale Zeitpunkt

Neue Pflanzen, die Sie im Gartenmarkt oder beim Staudengärtner kaufen, erhalten Sie immer im Topf, weshalb sie im Prinzip während der ganzen Gartensaison gesetzt werden können. Einige Arten bevorzugen dennoch einen bestimmten Zeitraum. Werden sie dann gepflanzt, sind die Chancen für ein gutes Anwachsen optimal. Das ist z.B. bei Pfingstrosen der Fall, für die sich eine Pflanzung von Anfang September bis Ende Oktober empfiehlt. Bei Pflanzengeschenken aus Nachbars Garten oder für das Umpflanzen eigener Stauden eignen sich der Herbst, solange der Boden noch nicht gefroren ist, oder das Frühjahr, sobald der Boden wieder aufgetaut ist.

Im Herbst den Frühling pflanzen Zwiebelgewächse gehören – aufgrund ihrer unterirdischen Überdauerungsorgane – ebenfalls zu den Stauden und sind sowohl als charmante Lückenfüller als auch als unentbehrliche Frühlingsboten aus kaum einem Staudenbeet wegzudenken. Frühblüher wie z.B. Schneeglöckchen, Krokus, Tulpe & Co. kommen von September bis November in die Erde; sommer- und herbstblühende Zwiebelgewächse wie z.B. Madonnenlilien oder Herbstkrokus werden im Juli/August gepflanzt.

Jungbrunnen für Stauden

Nicht alle Schönheit währt ewig – auch Stauden sind für eine gelegentliche Verjüngungskur durchaus empfänglich! „Teilen“ heißt das Zauberwort und etwa alle 5–8 Jahre ist dafür ein geeigneter Zeitpunkt.

Bis sie ein Optimum an Wüchsigkeit, Reichblütigkeit und Schönheit erreicht haben, dauert es nach dem Einpflanzen der meisten Stauden etwa 2–3 Jahre. Danach halten sie sich einige Jahre auf diesem Höhepunkt, dann fängt, je nach Art, langsam das Alter an, sich bemerkbar zu machen: Häufig werden die Pflanzen blühfaul, verlieren die kompakte Wuchsform, kümmern vielleicht sogar. Durch „Aufnehmen“, d.h. Ausgraben, Teilen und wieder Einsetzen verhelfen Sie diesen Pflanzen zu neuer Lebenskraft. Stauden, die sich gut teilen lassen, sind solche, die im Laufe der Jahre große Wurzelstöcke – sogenannte Horste – bilden, wie beispielsweise Taglilien und Astern. Bei manchen verkahlen deren Horste nach ein paar Jahren von innen heraus, etwa bei Sibirischen Schwerlilien. Insbesondere diese Arten sehen nach einer Verjüngungskur wieder schöner aus, wachsen besser, blühen wieder reichlich und bedrängen ihre Beetnachbarn weniger.

Teilen: im Herbst oder Frühjahr?

Arten, die im Frühjahr blühen wie z.B. Bart-Iris und Storchschnabel brauchen zu dieser Zeit ihre ganze Kraft für die Blütenbildung und werden deshalb besser nach der Blüte im Herbst geteilt. Für sommer- und herbstblühende Stauden, beispielsweise Phlox, Taglilien und Indianernessel, ist hingegen das Frühjahr, kurz vor oder bei beginnendem Austrieb, ideal. Diese Pflanzen haben dann für die kommende Wachstumsperiode schon Nährstoffe gespeichert und können nach der Teilung gleich in die Höhe schießen. Für Ziergräser gilt: Niedrige, immergrüne, schattenliebende Arten wie z.B. Seggen (*Carex*) haben eine Ruhepause im Sommer und werden daher im Herbst oder Frühjahr geteilt; für hohe und strukturbildende Gräser, etwa das Chinaschilf oder auch das Lampenputzergras, die spät im Jahr austreiben, im Hochsommer blühen und im Herbst eine Ruhepause einlegen, ist das zeitige Frühjahr optimal. Günstig sind in jedem Fall kühle, bewölkte oder bedeckte Tage.

Stauden teilen – so geht's!

Graben Sie den ganzen Wurzelballen aus und teilen ihn in mehrere etwa faustgroße Stücke. Sind Wurzeln und schwere Erde fest miteinander verbunden, verwenden Sie am besten einen Spaten zum Zerteilen; bei lockerer Erde lassen sich die Ballen häufig auch schon von Hand in Stücke brechen. Befreien Sie Einzelstücke von abgestorbenen Wurzeln und großen Erdklumpen und setzen Sie sie an geeigneter Stelle neu ein. Wichtig: Jedes Teilstück soll wenigstens ein Auge oder einen neuen Trieb und einige Wurzeln haben. Mit der Teilung von Stauden haben Sie zugleich eine Form der Pflanzenvermehrung kennengelernt, die sich im Hausgarten leicht praktizieren lässt. Doch manchmal ist eine Vermehrung gar nicht das vorrangige Ziel, sondern stark wachsende Arten sollen im Zaum gehalten oder überalterte Pflanzen verjüngt werden. Ist das der Fall und der Garten ist bereits komplett bepflanzt, setzen Sie nur die größten und kräftigsten Teilstücke wieder ein. Der Rest darf auf den Kompost. Zuvor sollten Sie jedoch Nachbarn, Freunde und Bekannte fragen, ob sie nicht etwas von Ihren Gartenschätzen haben möchten – oft finden sich auf diese Weise erfreute Abnehmer. Manchmal bietet sich auch ein Tausch über den Gartenzaun an, „Aster gegen Sonnenhut", und alle sind zufrieden! Viele Obst- und Gartenbauvereine organisieren Gartenflohmärkte und Tauschbörsen, wo vieles, was in einem Garten überzählig ist, in einem anderen ein neues Zuhause findet.

Nicht alles lässt sich teilen Nicht alle Stauden lassen sich teilen. Pflanzen, die, wie beispielsweise die Akelei, nur eine kräftige Hauptwurzel bilden, eignen sich nicht. Bei Stauden mit sehr fleischigen und daher leicht für Verletzungen anfälligen Wurzeln wie z.B. Orientalischer Mohn sollte man ebenfalls von einer Teilung absehen. Auch die „Primadonna" im Spätfrühlingsbeet, die Pfingstrose mit ihren rübenförmigen Wurzeln, möchte lieber ungestört wachsen und am besten weder umgepflanzt noch geteilt werden!

Winterschutz und Düngung

Auf vielen Staudenbeeten hält sich der Pflegeaufwand ziemlich in Grenzen – insbesondere bei einer Pflanzenauswahl für den „intelligenten Faulen" (Karl Foerster). Mit ein paar Pflegetipps wächst es noch besser.

Als Gartenbesitzer ist man am ehesten geneigt, den Pflanzen in der kalten Winterzeit einen Extra-Schutz zukommen zu lassen. Doch die Mehrzahl unserer Stauden braucht keine zusätzliche Überwinterungshilfe. Denn tatsächlich fallen Stauden, wie man es sonst nur von Tieren kennt, in eine Art Winterruhe. Das bedeutet, dass alle Stoffwechselvorgänge heruntergefahren werden; es gibt keine Blätter, Triebe, Blüten mehr, die versorgt werden müssen. Das Leben zieht sich in geschützte unterirdische Dauerorgane wie Überwinterungsknospen, Speicherknollen oder Ähnliches zurück, aus denen die Pflanzen im Frühjahr wieder neu austreiben. Ein oberirdischer Kälteschutz ist meist nicht vonnöten. Typischen Wald- und Waldrandstauden dient aber z.B. das abgefallene Laub der umgebenden Gehölze als willkommener und völlig ausreichender Schutz – im Frühjahr werden die Überreste dann entfernt.

Schutz vor Frost und Nässe

Nur in ausgesprochen winterkalten Gebieten oder Höhenlagen ist eine prophylaktische Laub-, Reisig- oder Vliesabdeckung als Frostschutz ratsam. Wichtig ist, jede Abdeckung wieder zu entfernen, sobald es warm wird, damit es unter der kuschelig warmen Schutzschicht nicht zu einem Pilz- oder Schädlingsbefall kommt. Einige Stauden wie z.B. die Prachtscharte reagieren empfindlich auf zu viel Nässe im Winter. Der beste Schutz für diese Arten ist ein gut drainierter Standort, d.h. ein lockerer Boden mit gutem Wasserabzug; im Notfall ein zusätzlich eingegrabenes Drainagerohr.

Verdursten Stauden im Winter?

Ausnahmen von der generellen Frost- und Kälteunempfindlichkeit sind wintergrüne und immergrüne Arten wie z.B. Nieswurz und Bergenie, welche an frostigen und sonnigen Wintertagen mit einem anderen Problem zu kämpfen haben: Die intensive Wintersonne führt zu einer verstärkten Wasserabgabe der Blätter und gleichzeitig kann aus dem gefrorenen Boden kein Wasser nachgeliefert werden. Außerdem entstehen starke Temperaturschwankungen zwischen Tag und Nacht. Die geschädigten Pflanzen, die der Gartenbesitzer im Frühjahr für erfroren hält, sind in Wirklichkeit verdurstet! Hier kann in Extremlagen eine schattenspendende Abdeckung mit Strohmatte oder Vlies Abhilfe schaffen. Außerdem: an frostfreien Tagen gelegentlich gießen.

Brauchen Stauden Dünger?

Letztendlich gehört zu einem wirkungsvollen Winterschutz auch, maßvoll und nicht später als im Juli/August zu düngen. Zu viel Dünger kann zu Verbrennungen an den Pflanzen führen. Ein Übermaß an Stickstoff macht das Gewebe weich und krankheitsanfällig – die Winterhärte leidet. Die meisten Stauden wachsen und blühen auch ohne zusätzliche Düngung reichlich; vorausgesetzt der Standort passt. Fast alle unsere Gartenböden sind durch den Nährstoffeintrag aus der Luft und jahrelange Kompostwirtschaft mit den Hauptnährstoffen Stickstoff, Phosphor und Kalium ausreichend versorgt; eine Düngung erübrigt sich. Wer es dennoch genau wissen möchte, dem gibt die Untersuchung einer Bodenprobe Aufschluss über seinen Gartenboden.

Nährstoff-Einmaleins Folgende Nährstoffe sind für ein gutes Gedeihen unserer Pflanzen ausschlaggebend: Stickstoff für Blatt-, Trieb- und Wurzelwachstum, Phosphor für Blütenbildung, Kalium für festes Gewebe und insbesondere für die Frosthärte wintergrüner und immergrüner Arten. Der Vorteil organischer Dünger wie z.B. von Kompost und Hornspänen ist ihre Langzeitwirkung; da sie zuerst von Bodenlebewesen aufgeschlossen und pflanzenverfügbar gemacht werden müssen, kommt es bei ihrer Anwendung kaum zu Pflanzenschäden durch Überdüngung.

Schneiden und Vermehren

Stauden zurückschneiden – das empfiehlt sich je nach Art bei verschiedenen Gelegenheiten und zu unterschiedlichen Zwecken. Manchmal liefert ein Schnitt auch gleich Material, um die entsprechende Staude zu vermehren.

Stauden, die im Frühjahr und Sommer blühen (wie z.B. Frauenmantel) dürfen nach der Blüte getrost zurückgeschnitten werden. Die Pflanzen treiben nach dem Schnitt etwa eine Handbreit über dem Boden neu aus und bekommen wieder ein kompaktes Erscheinungsbild. Manche Arten remontieren, d.h. sie blühen nach dem Schnitt noch ein zweites Mal. Spätsommer- und Herbstblüher, wie etwa Fetthenne und Japanische Anemone, werden nicht geschnitten; oft hält ihr Blütenflor noch lange bis in den Spätherbst hinein. Während des Winters zaubern Schnee und Rauhreif auf den abgeblühten Trieben charmante Gartenbilder anstelle von steriler, leer geräumter Eintönigkeit. Kurzlebige „Dauerblüher", beispielsweise Vexiernelke und Stockrose, können im zeitigen Herbst zurückgeschnitten werden. Anstatt sich mit Blühen zu verausgaben, werden diese Stauden so zum Bilden von Überwinterungsorganen angeregt.

Rückschnitt: in Form bleiben!

Stauden, die teilweise verholzt sind, wie z.B. Lavendel, werden nach dem Winter (etwa im März/April) und ein zweites Mal nach der Blüte zurückgeschnitten – allerdings nicht mit dem Ziel einer Nachblüte, sondern um ein kräftiges Triebwachstum anzuregen bei gleichzeitigem Erhalt einer kompakten Wuchsform. Bleiben solche Arten ungeschnitten, werden sie meist im Lauf der Jahre unschön „hochbeinig", d.h. ein Großteil der Pflanze verholzt und sie bildet nur noch wenig frische Neutriebe. Etwa 10 cm lange Triebspitzen vom Nachblüteschnitt können auch gleich als Kopfstecklinge für eine Vermehrung genutzt werden. So wird's gemacht: Die untersten Blätter entfernen, eventuell auch die Spitzen abknipsen und die Stücke in Töpfchen mit Aussaaterde setzen. Warm und hell aufstellen, gleichmäßig feucht halten und eine durchsichtige Plastikhaube über den Topf spannen, damit eine gleichbleibende Luftfeuchtigkeit entsteht.

Gräser schneiden Die vertrockneten Halme vieler Ziergräser dürfen ruhig über den Winter stehen bleiben, denn sie bieten der Pflanze einen gewissen Kälte- und Nässeschutz und sorgen auch im winterlichen Garten für frostig schöne Strukturen. Geschnitten wird im zeitigen Frühjahr bis auf wenige Zentimeter über dem Boden. Achtung: Schneiden Sie nur so tief, dass der grüne Kern im Inneren der Horste, wo bereits neue Halme auf den Austrieb warten, nicht verletzt wird. Handschuhe tragen, da viele Gräser scharfkantige Halme haben.

Mit etwas Glück können Sie nach 6–8 Wochen neue, junge Pflänzchen einsetzen. Der Vorteil einer solchen vegetativen Vermehrungsweise ist, dass die so gezogenen Jungpflanzen die gleichen Eigenschaften und Merkmale aufweisen wie die Mutterpflanze. Günstige Zeit für Stecklingsvermehrung ist von Anfang Mai bis Mitte Juni; weitere geeignete Arten sind beispielsweise Sonnenauge, Sonnenbraut, Hoher Sommer-Phlox und Astern. Pflanzen, die Ausläufer bilden, wie z.B. die Teppich-Ungarwurz (*Waldsteinia ternata*), oder verdickte, bodennah kriechende Wurzelstücke (Rhizome), wie etwa viele Storchschnabel-Arten, lassen sich ebenfalls leicht vermehren: Teilstücke einfach abnehmen oder abstechen und neu einsetzen.

Versamung – ja oder nein?

Wollen Sie vermeiden, dass bestimmte Stauden sich versamen und ungehemmt durch Ihren Garten vagabundieren, dann ist ein Rückschnitt kurz nach der Blüte angebracht. Das macht insbesondere bei vegetativ vermehrten, nicht-sterilen Sorten Sinn, denn deren Sämlinge können in ihrem Aussehen – z.B. Blütenfarbe und -form – stark abweichen: Statt dunkelvioletten, gefüllten Blüten stehen in Ihrem Beet dann lauter blassblaue einfache Blumen. Bei anderen Arten hingegen möchten Sie vielleicht sogar gezielt deren Samen sammeln, beispielsweise bei Stockrosen. Oder Sie begrüßen eine Selbstaussaat und das daraus entstehende, bunte Gemisch wie z.B. bei Akelei und Fingerhut. In diesem Fall bleiben die Samenstände natürlich stehen, die Pflanzen werden nicht zurückgeschnitten.

Stauden natürlich schützen

Den Hauptschutz für die Pflanzen in unserem Staudengarten haben wir bereits durch die Wahl des passenden Standorts getätigt. Trotzdem wird es vorkommen, dass wir der ein oder anderen Pflanze nachträglich helfen müssen.

Pflanzen haben im Laufe ihrer Entwicklung vielfältige Mechanismen zu ihrem eigenen Schutz gegen Schnecken, Insekten, Pilze und andere Widrigkeiten hervorgebracht. Stimmen die Bedingungen für die Pflanzen, kann sich dieser Eigenschutz voll entfalten; stimmen sie nicht, kann er geschwächt sein und die Pflanzen leiden. Dann müssen wir helfend eingreifen, wenn wir nicht wollen, dass die betroffene Pflanze eingeht oder ein klägliches Dasein fristet. Eine erste Maßnahme kann schon das Versetzen der kümmernden Staude an einen anderen, geeigneteren Gartenplatz sein. In unserem Garten befinden sich mehrere „Wanderstauden“, die erst an ihrem zweiten oder gar dritten Standort zu wahrer Pracht gelangten. Generell sind der Herbst oder das Frühjahr hierfür geeignete Zeiträume, denn dann befinden sich die Stauden in einer Ruhephase und benötigen keine Energie für die Blatt- und Blütenversorgung.

Optimale Bedingungen

Viele Krankheiten, aber auch starker Pilz- oder Schneckenbefall sind oft auf ungünstige Bodenverhältnisse zurückzuführen. Insbesondere eine gute Wasserversorgung fördert gesunde, widerstandsfähige Pflanzen. Gießen Sie bei großer Hitze im Sommer lieber einmal in der Woche ausreichend und durchdringend, anstatt täglich in kleinen Mengen. Morgendliches Gießen ist ideal; mittags verdunstet zu viel Wasser unnötig in der Hitze; abends werden Schnecken angelockt. Ist der Boden dauerhaft zu trocken, hilft auch das Einarbeiten von Kompost und Mulchen. Eine nur wenige Zentimeter dünne Mulchschicht – wegen Schneckengefahr nicht zu dick! – spart Gießwasser, denn darunter bleibt der Boden länger gleichmäßig feucht. Gemulcht wird z.B. mit kurzem, unkrautsamenfreiem Grasschnitt oder halbreifem Kompost; keinesfalls mit Rindenmulch oder Torf. Rindenmulch hemmt das Pflanzenwachstum und auf Torf sollten Sie lieber ganz verzichten, denn für den Torfabbau wird unnötigerweise Natur zerstört und da es sich bei unseren Stauden nicht um Moorbeetpflanzen handelt, ist Torf für sie auch nicht von Nutzen. Bei durch Staunässe befördertem Pilzbefall kann eine zusätzliche Drainage Abhilfe schaffen. Auf stark beschatteten Beeten ist häufig eine Auslichtung der umgebenden Gehölze sinnvoll und auch die Stauden selbst sollten keinesfalls zu dicht gepflanzt werden. Fristen schwachwüchsige Stauden nach ein paar Jahren ein „Schattendasein“, weil starkwüchsige Arten zu dominant werden, lichten Sie auch diese aus. Vergessen Sie nicht: Auch eine Überdüngung macht Pflanzen schädlings- und krankheitsanfällig, da sie zu unnatürlich starkem Wachstum angetrieben werden und schwammiges, weiches Gewebe bilden – ein gefundenes Fressen für Läuse, Schnecken & Co.!

Nützliche Helfer

Gelegentlich kommt es auch bei passendem Standort zu Krankheits- oder Schädlingsbefall. Doch in einem möglichst strukturreichen und naturnahen Garten warten zahlreiche tierische Helfer darauf, den Schädlingen Einhalt zu gebieten. Singvögel, Spitzmäuse, Kröten, Marienkäfer, Schlupfwespen, Florfliegen, Raubkäfer und viele andere Tiere, die wir durch vielfältigen Bewuchs, Nist- und Überwinterungsmöglichkeiten in unseren Garten locken, sorgen effizient für eine gute Pflanzengesundheit. Für neu gesetzte Pflanzen hat sich auch ein mechanischer Schutz in Form von Schneckenkragen bewährt.

Pflanzenschutz durch Sortenwahl Ähnlich wie z.B. beim Obst gibt es auch im Staudensortiment deutliche Arten- bzw. Sortenunterschiede hinsichtlich der Anfälligkeit für bestimmte Schadorganismen. So sind z.B. Großblatt-Phlox (*Phlox amplifolia*) und Wiesen-Phlox (*Phlox maculata*) wesentlich mehltaufester als Hoher Sommer-Phlox (*Phlox paniculata*). Und selbst die gefürchtetsten Gartenschädlinge, die Schnecken, haben anscheinend sortenspezifische Vorlieben. So haben beim Schneckenliebling *Hosta* z.B. die Sorten 'Halcyon' und 'Sagae' gute Chancen, trotz der schleimigen Vielfraße zu voller Pracht heranzuwachsen.

Stützen und unterstützen

Auch wenn unser Ziel ein Beet mit möglichst geringem Pflegeaufwand und sich dauerhaft selbst regulierender Pflanzenpracht ist, brauchen doch gerade hochwüchsige Pflanzen oft etwas Unterstützung.

Viele Beetstauden wie z.B. Astern, aber auch hohe Wildstauden, beispielsweise der Herbst-Eisenhut, sind für das Anbringen einer Stütze dankbar. Sie bewahrt sie vor Auseinanderfallen oder Abknicken bei heftigen Regengüssen, Wind und Wetter. Auch schwere, gefüllte Pfingstrosenblüten kommen gestützt optimal zur Geltung und werden nicht unter ihrem eigenen Gewicht zu Boden gedrückt. Oft hilft eine solche Unterstützung einer Pflanze auch dabei, ihren arttypischen Habitus und somit die gewünschte Wirkung im Beet zu entfalten. Denken Sie daran, wenn Sie zur einfachsten Variante, einem Stück Schur oder Bindedraht, greifen: Schnüren Sie die Pflanzen nicht zu stark ein und binden Sie die Triebe nicht zu Bündeln! So etwas sieht extrem unnatürlich aus und die Triebe knicken bei Wind meist genau an der Bindestelle ab. Außerdem halten sich Feuchtigkeit und Nässe länger, was einem Pilzbefall Vorschub leistet.

Naturmaterial verwenden

In unserem Garten verwenden wir am liebsten natürliche Pflanzenstützen, d.h. selbst gebaute Unterstützer oder Zweige und Bindematerial, das sich entweder in der Natur oder im Garten findet oder sich zumindest unauffällig anpasst. Natürlich halten solche Dinge nicht ewig, doch kein Problem: Nach einigen Gartenjahren werden die Überreste einfach kompostiert und man hat erneut die Gelegenheit, kreativ Hand anzulegen! Äste und Zweige von Hasel, Weide, Ziersträuchern oder Bambus eignen sich bestens; manchmal finden auch besonders schöne oder skurrile Fundstücke eines Waldspaziergangs auf diese Weise eine neue Bestimmung. Anstelle von Schnur können Sie beispielsweise auch die abgestorbenen Triebe von Kletterpflanzen, wie z.B. der heimischen Waldrebe (*Clematis vitalba*), verwenden.

Gut gestützt – hoch hinaus!

Am simpelsten ist es, einzelne Triebe oder ganze Pflanzen mit Hanf- oder Sisalschnur an einem oder zwischen zwei in die Erde gesteckten Holzstäben oder starken Zweigen festzubinden. Beim Zusammenbinden insbesondere eher locker wachsender Stauden entstehen jedoch leider oft die oben beschriebenen, unschönen „Bündel". Eine bessere Möglichkeit sind verzweigte Äste, die Sie entsprechend tief vor, bzw. um die Stauden herum in Form eines „X" in den Boden stecken. Die Stützkonstruktion ist idealerweise etwa zwei Drittel so hoch, wie die Pflanze im ausgewachsenen Zustand wird, sie überragt diese also nicht. Ganz gleich, welche Art von Stützen Sie verwenden, bringen Sie sie auf jeden Fall schon im Frühling an, wenn die Stauden noch niedrig sind. Dann können die Pflanzen langsam in die Stützkonstruktion hineinwachsen und müssen sich nicht hindurchzwängen. Hohe Gartengräser wie z.B. Chinaschilf, insbesondere, wenn sie nach einigen Jahren eine gewisse Größe erreicht haben, verleiten viele Gartenbesitzer ebenfalls dazu, zu Schnur oder Strick zu greifen, um den üppigen Wuchs im Zaum zu halten. Dadurch wird leider oft das arttypische Erscheinungsbild dieser Pflanzen völlig verunstaltet; die ihnen ursprünglich zugedachte strukturbildende Funktion im Beet kommt nicht zur Geltung. Binden Sie solche Gräser, wenn nötig, möglichst dezent zusammen. Oftmals ist eine Teilung (siehe Seite 123) die bessere Lösung, um ihrer Wuchsstärke Einhalt zu gebieten.

Buschige Pflanzen kompakt dank Schnitt!

Wenn Pflanzen kompakt wachsen, ist Aufbinden und zusätzliches Stützen häufig gar nicht nötig. Achten Sie deshalb auf eine ausgewogene und angemessene Nährstoffversorgung. Der „Vorblüteschnitt" (auch: pinzieren) verhilft Ihnen auch ganz ohne Binden und Stützen zu buschigen Stauden: Bevor die Pflanzen Blüten ansetzen, etwa Mitte April/Mitte Mai, Triebspitzen ca. 10–15 cm einkürzen. Die Pflanzen verzweigen sich danach stärker, wachsen kompakt und gedrungen. Geeignet z.B. für Hohe Astern, Phlox, Indianernessel.

Staudenstützen selbst bauen

Staudenstützen bauen macht Spaß, spart Geld und führt beim Gehölzschnitt anfallendes Material einer praktischen Verwendung zu. Unser vorgeschlagenes Modell lässt sich mit etwas handwerklichem Geschick leicht anfertigen.

Als Material benötigen Sie einen 5–10 cm dicken Ast in der gewünschten Länge als Stütze und einen ca. 1 m langen, jungen, maximal 1 cm dicken Bambustrieb als Halterung. Der Bambus sollte möglichst frisch geschnitten sein, da er sich dann am besten biegen lässt ohne zu brechen. Wenn er sich, nachdem er in Form gebracht wurde, versteift, gibt das unserer Konstruktion zusätzlichen Halt. Bambusstäbe, wie man sie im Gartenfachhandel erhält, taugen nichts: Sie sind hart und nur wenig biegsam. Wenn Sie keinen Bambus zur Verfügung haben, eignen sich auch Weidenzweige oder ein- bis zweijährige Haseltriebe. Als Stütze ist jede verfügbare Holzart brauchbar. Esche oder Hainbuche sind natürlich länger haltbar als z.B. Hasel. Achten Sie darauf, möglichst frische Äste zu bearbeiten, das gelingt am besten; trockenes Holz hingegen lässt sich wesentlich schlechter schnitzen oder mit dem Zieheisen glätten.

Werden Sie kreativ!

Zunächst bearbeiten Sie die Stütze nach Ihren gestalterischen Vorlieben, z.B. Rinde abschälen oder nicht, quadratisch oder sechseckig schnitzen. Kürzen Sie nun das bearbeitete Aststück auf die gewünschte Länge und schrägen Sie ein Ende mit einem scharfen Messer leicht an. Eine solche schlank zulaufende Spitze erleichtert später das Einstechen in trockene und harte Böden. Leichter als das Arbeiten mit einem Messer ist die Holzbearbeitung mit einem Zieheisen. Hierzu benötigen Sie jedoch mindestens einen Schraubstock, um das zu bearbeitende Material einspannen zu können. Zur Not können Sie sich auch mit einem stabilen Arbeitstisch und einer Schraubzwinge behelfen. Haben Sie die Staudenstütze fertig bearbeitet, bringen Sie am oberen Ende eine quer liegende Bohrung an und ca. 5 cm darunter eine zweite. Die beiden Löcher sollten so groß sein, dass das von Ihnen als Halter gewählte Material (z.B. Bambus) an seinem dünnen Ende gut hindurchpasst. Befreien Sie den Bambustrieb von Blattresten und Abzweigungen und schieben ihn, mit dem dünneren Ende voraus, soweit durch die Bohrung, bis er festsitzt. Das überstehende Ende nach Bedarf bis auf 2 cm kürzen. Wenn Sie nun den Bambus leicht biegen, können Sie ihn in die zweite Bohrung einführen und soweit durchziehen bis er feststeckt. Mit der gewählten Bohrungsgröße bestimmen Sie den Radius und damit die Größe der Halterung.

Beete begrenzen

Auch niedrige Beetbegrenzungen zum Weg oder Rasen hin lassen sich leicht selbst herstellen. Günstigerweise im Frühjahr, vor dem Austrieb der Pflanzen, dann können Sie die Begrenzungen gleich direkt am Beet anfertigen. Sie brauchen möglichst gerade, fingerdicke Weidenruten ohne Verzweigungen in der entsprechenden Länge; ideal sind ein- oder zweijährige Triebe von Weiden, die regelmäßig zurückgeschnitten werden. Haben Sie kein passendes Material zur Hand, lässt sich auch mit Zweigen anderer Gehölze experimentieren oder Sie besorgen sich Weidenruten bei einem Korbflechter. Als Pfosten eignen sich kräftige Haselstöcke oder, wenn das Ganze besonders stabil und haltbar sein soll, auch Bodennägel aus Metall, die Sie im Baumarkt erhalten. Stecken Sie die Pfosten nun in Abständen von 30–40 cm um die zu begrenzende Fläche fest in den Boden. Flechten Sie die Weidenruten zwischen den Pfosten lagenweise ein und drücken Sie jede Lage gut nach unten. Wird die Begrenzung länger als die längsten Ruten, lassen Sie die Weiden mindestens 10 cm überlappen.

„Link-Stakes" Fertige Pflanzenstützen gibt es auch im Fachhandel. Ursprünglich als „link-stakes" englischer Staudengärtner bekannt, sind ähnliche Stützsysteme mittlerweile vielerorts erhältlich. Das Grundprinzip ist simpel und praktisch: Ein zu einem „L" gebogener, kunststoffüberzogener dicker Metalldraht ist an seiner rechtwinkeligen Krümmung zu einer kleinen Halböse gebogen. Dort wird jeweils ein weiterer link-stake eingehakt. Die link-stakes gibt es in unterschiedlicher Ausführung und Größe; ebenso „Halbmondstützen" und Ringe.

Service

Nützliche Adressen von Staudengärtnereien und Verbänden, Bezugsquellen hilfreicher Gartenutensilien, empfehlenswerte Fachliteratur – auf den folgenden Seiten finden Sie zweckdienliche Tipps sowie praktische Register.

Pflanzenregister

Schnell nachgeschlagen

Wichtige Adressen und Bezugsquellen

Verbände

Bund Deutscher Staudengärtner (BdS)
Gießener Straße 47, 35305 Grünberg
www.bund-deutscher-staudengaertner.de

Deutsche Gartenbaugesellschaft 1822 e.V.
Webersteig 3, 78462 Konstanz
www.dgg1822.de

Österreichische Gartenbaugesellschaft
Parkring 12/III 1, A-1010 Wien
www.oegg.or.at

Pflanzenversand

Artemisia – Stauden & Kräuter
Untere Guldenstraße 28, 79346 Endingen
www.artemisia.de

Blumenschule Schongau
Augsburger Straße 62, 86956 Schongau
www.blumenschule.de

Staudengärtnerei Gaißmayer
Jungviehweide 3, 89257 Illertissen
www.gaissmayer.de

Hof Berggarten – Großherrischwand
Lindenweg 17, 79737 Herrischried
www.hof-berggarten.de

Staudengärtnerei Annemarie Eskuche
Am Söhnholz 17, 29664 Osterheide
www.stauden-eskuche.de

Staudengärtnerei Gräfin von Zeppelin OHG
Weinstraße 2, 79295 Sulzburg
www.graefin-von-zeppelin.de

Stauden-Stade
Beckenstrang 24, 46325 Borken
www.stauden-stade.de

Sarastro Stauden
Ort im Innkreis 131, A-4974 Ort im Innkreis
www.sarastro-stauden.com

Zubehör

Gartenbedarf-Versand Richard Ward
Ottobeurer Str. 46A, 87733 Markt Rettenbach
www.gartenbedarf-versand.de
• Gartengeräte, praktisches Zubehör

Gärtner Pötschke GmbH
Beuthener Straße 4, 41561 Kaarst
www.poetschke.de
• Praktisches Zubehör, Pflanzenschutz

W. Neudorff GmbH KG
An der Mühle 3, 31860 Emmerthal
www.neudorff.de
• Biologischer Pflanzenschutz, Dünger

Zum Weiterlesen

Webseiten

www.renate-hudak.de
• Seminarangebot der Autoren; Gartenbilder der Autoren

www.bodenanalyse-zentrum.de
• Untersuchung von Bodenproben

www.agrolab.de
• Untersuchung von Bodenproben

www.bodenlabor.de
• Untersuchung von Bodenproben

Bücher

- Bailey, Nick: **Blühende Beete.** Callwey, 2016
- Foerster, Karl; Röllich, Bernhard: **Einzug der Gräser und Farne in die Gärten.** Verlag Eugen Ulmer, 2000
- Gaißmayer, Dieter; von Berger, Frank M.: **Alte Staudenschätze.** Verlag Eugen Ulmer, 2018
- Hansen, Richard; Stahl, Friedrich; Duthweiler, Swantje: **Die Stauden und ihre Lebensbereiche.** Verlag Eugen Ulmer, 2016
- Lloyd, Christopher: **Faszination Farbe im Garten.** Callwey, 2002
- Orel, Christine; Nickig, Marion: **Der neue Blumen- und Staudengarten.** Verlag Eugen Ulmer, 2004
- Raven, Sarah; Buckley, Jonathan: **Kreative Farbgestaltung im Garten.** Augustus Verlag, 2001

Über die Autoren

Renate Hudak, Diplom-Ingenieurin für Gartenbau, ist am Botanischen Garten Augsburg für Öffentlichkeitsarbeit, Umweltbildung und Gartenfachberatung zuständig. Schon seit vielen Jahren arbeitet sie als freie Gartenautorin und Referentin für Gartenfachvorträge und -seminare. Gemeinsam mit ihrem Mann, Harald Harazim, bietet sie ein natur- und umweltpädagogisches Programm an. Die Liebe zu Blumen und Stauden entdeckte sie bereits als Kind im Garten ihrer Mutter.

Harald Harazim absolvierte am Institut für Hydromechanik der TU Braunschweig eine Ausbildung zum Maschinenbauer und arbeitete am Institut für Thermodynamik. Im Anschluss daran studierte er Europarecht und war als Referent im Bereich transnationaler Teambildung und Kommunikation tätig. Nach einigen Jahren bei einem großen deutschen Energieunternehmen arbeitet er inzwischen als selbstständiger Naturlehrer, Referent in der Umweltbildung und freier Autor.

Bildnachweis

Titelfoto: Marion Nickig
Alle in diesem Buch verwendeten Fotos stammen von den Autoren, außer:
Botanikfoto/Steffen Hauser: Klappe v. a.: 2. Bild von o., Klappe v. a.: 1. Bild von u., Klappe v. i. r., S. 1, 8, 12, 15, 18/19, 22, 24, 25, 32, 33, 40, 41, 48/49, 51, 58, 59, 64 r., 66, 71 m., 73 r., 84, 85, 103, 134/135, Klappe h. a.: 5. Bild von o.
Botanikfoto/Friederike Take: S. 50, 74/75, 77, 109 l., 122, 126, Klappe h. a.: 3. Bild von o.
Botanikfoto/Hans-Roland Müller: Klappe v. i. l., S. 76, 92, 111.
Flora Press/Bildagentur Beck: S. 55 r., S. 56 l., 57 m., 63 m.
Flora Press/GWI: S. 71 r.
Dieter Gaißmayer: S. 45 l., 70 r., 72 l., 116 l.
gkrphoto/Shutterstock.com: S. 120
Marion Nickig: S. 37 m., 39 m., 46 l., 47 l., 55 m., 57 l., 64 l., 71 l., 88 r., 90 l., 106 l., 107 l., 107 r., 114 l.
mauritius images: S. 4/5, 28 o., 28 m., 28 u., 29 l., 29 m., 29 l., 30 l., 30 r., 31 l., 31 r., 36 l., 36 m., 36 r., 37 u., 37 r., 38 l., 38 m., 38 r., 39 r., 44 l., 44 m., 44 r., 45 m., 45 r., 46 m., 46 r., 47 m., 54 m., 54 r., 55 l., 56 r., 57 r., 62 l., 62 m., 62 r., 63 l., 63 r., 64 r., 65 m., 70 l., 70 m., 72 m., 72 r., 73 m., 80 l., 80 m., 80 r., 81 l., 81 m., 81 r., 82 l., 82 m., 83 l., 83 m., 83 r., 88 l., 88 m., 89 l., 89 m., 89 r., 90 l., 90 m., 91 m., 96 l., 96 r., 97 m., 97 r., 98 l., 98 m., 99 l., 99 m., 99 r., 106 m., 106 r., 107 m., 108 l., 108 m., 109 r., 115 l., 115 m., 115 r., 117 l., 117 r., 118, 119, 128; Klappe v. a.: 1., 3., 5., 6., 7., 8., 9. Bild von o.; U2: alle Bilder; U3: r.; Klappe h. i.: alle Bilder; Klappe h. a.: 1., 2., 4., 7., 9., 10. Bild von o.
Alle Zeichnungen stammen von Claudia Schick.

Die in diesem Buch enthaltenen Empfehlungen und Angaben sind von den Autoren mit größter Sorgfalt zusammengestellt und geprüft worden. Eine Garantie für die Richtigkeit der Angaben kann aber nicht gegeben werden. Autoren und Verlag übernehmen keine Haftung für Schäden und Unfälle. Bitte setzen Sie bei der Anwendung der in diesem Buch enthaltenen Empfehlungen Ihr persönliches Urteilsvermögen ein.
Der Verlag Eugen Ulmer ist nicht verantwortlich für die Inhalte der im Buch genannten Websites.

Bibliografische Information der Deutschen Nationalbibliothek
Die Deutsche Nationalbibliothek verzeichnet diese Publikation in der Deutschen Nationalbibliografie; detaillierte bibliografische Daten sind im Internet über http://dnb.d-nb.de abrufbar.

Wollgrasweg 41, 70599 Stuttgart (Hohenheim)
E-Mail: info@ulmer.de
Internet: www.ulmer.de
Lektorat: Bettina Brinkmann, Gabi Franz
Herstellung: Verlag Eugen Ulmer
Umschlag-Gestaltung: Anette Vogt, red.sign GbR, Stuttgart
Gestaltung und Satz: Susanne Junker, red.sign GbR, Stuttgart
Bildbearbeitung: timeRay Visualisierungen, Jettingen
Druck und Bindung: Westermann Druck, Zwickau
Printed in Germany

ISBN 978-3-8186-0085-3

Hier können Sie weiterlesen:

Der bekannte Staudenexperte Dieter Gaißmayer und der erfolgreiche Gartenjournalist Frank M. von Berger stellen Ihnen in diesem Buch zahlreiche historische Stauden vor und geben Ihnen wertvolle Tipps rund um Kauf und richtige Pflege. Erfahren Sie alles über die Geschichte der Staudenzüchtung, historische Wildstauden und die Kulturgeschichte der Stauden. Lassen Sie sich begeistern, entdecken Sie Ihren persönlichen alten Staudenschatz und helfen Sie mit, diesen zu erhalten.

Alte Staudenschätze.

Bewährte Arten und Sorten wiederentdecken und verwenden.
Dieter Gaissmayer, Frank M. von Berger. 2018. 288 Seiten, 280 Farbfotos, geb. mit SU. ISBN 978-3-8186-0083-9.